dtv

Meisterlich beherrscht der Seemann, Maler, Kabarettist und vagabundierende Poet Ringelnatz Unsinn und Tiefsinn, Witz und skurrilen Humor. Seine Originalität besteht nicht zuletzt in der Unmittelbarkeit, mit der er uns in alle Bereiche seines Lebens führt und an seinen oft erstaunlichen Einsichten teilhaben läßt.
Bekannte, aber auch weniger bekannte Gedichte laden zur Begegnung mit dem poetischen Querdenker ein, der inzwischen zu den Klassikern der Moderne gehört.

Joachim Ringelnatz, eigentlich Hans Bötticher, 1883 in Wurzen/Sachsen geboren, fuhr zunächst als Schiffsjunge, später als Matrose zur See und schlug sich danach mit vielerlei Berufen durchs Leben. Mit 26 Jahren fing er an, in der Münchner »Künstlerkneipe Simplizissimus« eigene Verse vorzutragen. Es war der Beginn seiner Karriere als Dichter. Bis zu seinem Tod 1934 veröffentlichte er Gedichtbände, Kinderbücher, Prosaschriften, Bühnenwerke und vieles mehr. Ab 1919 nannte er sich nach dem seemännischen Namen für das glückbringende Seepferdchen Ringelnatz.

Der Herausgeber, *Günter Stolzenberger*, lebt als wissenschaftlicher Autor in Frankfurt a. M. Bei dtv erschienen von ihm bereits mehrere erfolgreiche Anthologien.

Joachim Ringelnatz

Zupf dir ein Wölkchen

Gedichte

Ausgewählt und herausgegeben von
Günter Stolzenberger

Deutscher Taschenbuch Verlag

Von Günter Stolzenberger
sind im Deutschen Taschenbuch Verlag erschienen:
MeerGeschichten (12729)
WasserGeschichten (12792)
Die Kunst des Wanderns (20030)

Originalausgabe
Februar 2005
Deutscher Taschenbuch Verlag GmbH & Co. KG,
München
www.dtv.de

Umschlagkonzept: Balk & Brumshagen
Umschlaggestaltung: Stephanie Weischer unter Verwendung
eines Schattenrisses von Philipp Otto Runge
Gesetzt aus der Bembo 10/12˙
Satz: Greiner & Reichel, Köln
Druck und Bindung: Druckerei C. H. Beck, Nördlingen
Gedruckt auf säurefreiem, chlorfrei gebleichtem Papier
Printed in Germany · ISBN 3-423-13301-5

Inhalt

Ich bin etwas schief ins Leben gebaut

Lebensabschnitt

Ich mache eine Amnestie
Aus herzlichem Verlangen.
Und sei auch du und sein auch Sie
Zu mir ganz unbefangen.

Das Leben ist ein Rutsch-Vorbei.
Nur das, was echt gewesen,
Nährt weiterhin. – Ein Besen,
Zu wild geschwenkt, schlägt viel entzwei.

Seid gut zu mir und macht Radau,
Verzeihend und aus Reue!
Wollt ihr? Wer reist aufs neue
Mit mir ins Himmelblau?

Sieh, ich war so oft allein

Sieh, ich war so oft allein,
Und ich lernte gleich den Zweigen,
Gleich dem Stein,
Träume wachen, Worte schweigen.

Denke, daß ich Dichter bin.
Eure Sonne ist nicht meine.
Nimm als Freund mich hin,
Wenn ich dir auch fremd erscheine.

Laß mich lauschen aus der Ferne,
Wenn ihr tanzend schwebt,
Daß auch ich das Schwere lerne:
Wie man narrenglücklich lebt.

Die lange Nase
(Eine Parabel)

Hans wird der Nasenkönig genannt,
Denn er hat eine lange Nase.
Sie rufen's ihm nach auf der Straße.
Hans läßt sie rufen; er macht sich nichts draus,
Die Eltern und Bruder und Schwester zu Haus,
Sie lachen ja alle so oft ihn aus
Und spotten über die Nase.
Hans kommt in die Schule. Er hört, daß man lacht,
Daß man sich über ihn lustig macht,
Daß man vom Nashorn, vom Rüsseltier spricht
Und von der Gurke in seinem Gesicht. –
So folgt ihm der Ulk auf Schritt und Tritt,
Und Hans lacht mit.

Er wird ein Soldat. Er wird ein Mann,
Und überall trifft er den Spottvogel an.
Der pfeift und singt und läßt keine Ruh.
Hans lacht dazu.
Hans lacht dazu, wenn man witzelt und höhnt,
Er hat mit der Zeit sich daran wohl gewöhnt.

Hans freite des Nachbars Liesel so gern
Da drüben über der Straße.
Und er fragt ganz schüchtern mal bei ihr an,
Da sagt ihm die Liesel: Sie mag keinen Mann
Mit einer so langen Nase. – –

In der Nacht, im Garten vorm Rasenplatz,
Da küßt sich die Liesel mit ihrem Schatz.
Sie tanzen, sie springen, sie singen vereint,
Und drüben, über der Straße,
Im Stübchen, wo noch die Lampe scheint,
Sitzt Hans vorm Spiegel und weint und weint
Über die lange Nase.

Ansprache eines Fremden an eine Geschminkte vor dem Wilberforcemonument

Guten Abend, schöne Unbekannte! Es ist nachts halb zehn.
Würden Sie liebenswürdigerweise mit mir schlafen gehn?
Wer ich bin? – Sie meinen, wie ich heiße?

Liebes Kind, ich werde Sie belügen,
Denn ich schenke dir drei Pfund.
Denn ich küsse niemals auf den Mund.
Von uns beiden bin ich der Gescheitre.
Doch du darfst mich um drei weitre
Pfund betrügen.

Glaube mir, liebes Kind:
Wenn man einmal in Sansibar
Und in Tirol und im Gefängnis und in Kalkutta war,
Dann merkt man erst, daß man nicht weiß, wie sonderbar
Die Menschen sind.

Deine Ehre, zum Beispiel, ist nicht dasselbe
Wie bei Peter dem Großen *L'honneur.* –
Übrigens war ich – (Schenk mir das gelbe
Band!) – in Altona an der Elbe
Schaufensterdekorateur. –

Hast du das Tuten gehört?
Das ist Wilson Line.

Wie? Ich sei angetrunken? O nein, nein! Nein!
Ich bin völlig besoffen und hundsgefährlich geistesgestört.
Aber sechs Pfund sind immer ein Risiko wert.
Wie du mißtrauisch neben mir gehst!
Wart nur, ich erzähle dir schnurrige Sachen.
Ich weiß: Du wirst lachen.
Ich weiß: Daß sie dich auch traurig machen.
Obwohl du sie gar nicht verstehst.

Und auch ich –
Du wirst mir vertrauen, – später, in Hose und Hemd.
Mädchen wie du haben mir immer vertraut.

Ich bin etwas schief ins Leben gebaut.
Wo mir alles rätselvoll ist und fremd,
Da wohnt meine Mutter. – Quatsch! Ich bitte dich:
Sei recht laut!

Ich bin eine alte Kommode.
Oft mit Tinte oder Rotwein begossen;
Manchmal mit Fußtritten geschlossen.
Der wird kichern, der nach meinem Tode
Mein Geheimfach entdeckt. –
Ach Kind, wenn du ahntest, wie Kunitzburger Eierkuchen
schmeckt!

Das ist nun kein richtiger Scherz.
Ich bin auch nicht richtig froh.
Ich habe auch kein richtiges Herz.
Ich bin nur ein kleiner, unanständiger Schalk.
Mein richtiges Herz. Das ist anderwärts, irgendwo
Im Muschelkalk.

Mein Bruder

Mein Bruder löst immer Probleme.
Mein Bruder verfolgt ein Ziel.
Mich nennt er eine bequeme
Schlawinernatur ohne Stil.

Mein Bruder wohnt – Ehrensache –
Und sagt, er habe Niveau.
Doch wenn ich darüber lache,
Beschimpft er mich: ich sei roh.

Mein Bruder muß Rechnung tragen
Und spricht gern über Kultur.
Mich hat er einmal geschlagen,
Weil mir dabei was entfuhr.

Mein Bruder haut mich sehr häufig.
Er nennt das dann »aus Prinzip«.
Solche Worte sind ihm geläufig.
Ich habe ihn deshalb so lieb.

Ich würde ihn auch gern mal hauen.
Doch er ist leider sehr stark.
Nur wenn er Glück hat bei Frauen,
Dann schenkt er mir immer zwei Mark.

Ich bin zwar ein saudummes Luder,
Meine beiden Beine sind schief.
Im übrigen ist mein Bruder
Gar nicht verwandt, sondern stief.

Doch wenn ich »gestiefelter Kater«
Ihn nenne, dann schäumt er wie Most
Und schreibt Beschwerden an Vater,
Und die trage ich dann zur Post.

Ich trage ihm alle Pakete,
Die größer sind, als er denkt.
Jetzt hat er meine Trompete
Hinter meinem Rücken verschenkt.

Ein Bischof hat einen braunen
Frack meinem Bruder verehrt.
Sie würden überhaupt staunen,
Mit wem mein Bruder verkehrt.

Dagegen lebe ich – meint er –
Ganz stur wie ein Vieh in den Tag.
Manchmal, wo Damen sind, weint er;
So einer stirbt mal am Schlag.

An den Mann im Spiegel

Du bist ein krummer, dummer Hund!
Und hast es doch so gut gehabt,
Bist gar nicht reich und bist gesund,
Auch großenteils nicht unbegabt.

Du altes Schwein im Trüffelbeet,
Weißt du auch stets, wie gut's dir geht?

Du, spring nicht über Schranken,
Die höher, als du selbst bist, sind.
Vergiß nie, täglich wie ein Kind
Für alles tief zu danken.

Der Abenteurer

»Abenteurer, wo willst du hin?«

Quer in die Gefahren,
Wo ich vor tausend Jahren
Im Traume gewesen bin.

Ich will mich treiben lassen
In Welten, die nur ein Fremder sieht.
Ich möchte erkämpfen, erfassen,
Erleben, was anders geschieht.

Ein Glück ist niemals erreicht.
Mich lockt ein fernstes Gefunkel,
Mich lockt ein raunendes Dunkel
Ins nebelhafte Vielleicht.

Was ich zuvor besessen,
Was ich zuvor gewußt,
Das will ich verlieren, vergessen. –
Ich reise durch meine eigene Brust.

Ehrgeiz

Ich habe meinen Soldaten aus Blei
Als Kind Verdienstkreuzchen eingeritzt.
Mir selber ging alle Ehre vorbei,
Bis auf zwei Orden, die jeder besitzt.

Und ich pfeife durchaus nicht auf Ehre.
Im Gegenteil. Mein Ideal wäre,
Daß man nach meinem Tod (*grano salis*)
Ein Gäßchen nach mir benennt, ein ganz schmales
Und krummes Gäßchen, mit niedrigen Türchen
Mit steilen Treppchen und feilen Hürchen,
Mit Schatten und schiefen Fensterluken.

Dort würde ich spuken.

Und ich darf noch

Hie und da, dann und wann
Ein Wehweh. Doch im Ganzen:
Ich, der ich nicht tanzen kann,
Sehe gern andere tanzen.

Noch immer in Arbeit gestellt
Und die Arbeit genießend,
Finde ich dich, ausstudierte Welt,
Immer neu fließend.

Gehe durch die Straßen einer Stadt,
Um Dinge herum, die stinken.
Was Beine oder keine Beine hat,
Kann blinken oder winken.

Ich kann einen Pflasterstein,
Der am Rinnstein liegt, aufheben.
O schönes Auferdensein!
Und ich darf noch leben.

Ich komme und gehe wieder

Ich komme und gehe wieder,
Ich, der Matrose Ringelnatz.
Die Wellen des Meeres auf und nieder
Tragen mich und meine Lieder
Von Hafenplatz zu Hafenplatz.
Ihr kennt meine lange Nase,
Mein vom Sturm zerknittertes Gesicht.
Daß ich so gern spaße,
Nach der harten Arbeit draußen,
Versteht ihr das?
                    Oder nicht?

Ging ein Herz durchs Hirn

Ich habe dich so lieb

Ich habe dich so lieb!
Ich würde dir ohne Bedenken
Eine Kachel aus meinem Ofen
Schenken.

Ich habe dir nichts getan.
Nun ist mir traurig zu Mut.
An den Hängen der Eisenbahn
Leuchtet der Ginster so gut.

Vorbei – verjährt –
Doch nimmer vergessen.
Ich reise.
Alles, was lange währt,
Ist leise.

Die Zeit entstellt
Alle Lebewesen.
Ein Hund bellt.
Er kann nicht lesen.
Er kann nicht schreiben.
Wir können nicht bleiben.

Ich lache.
Die Löcher sind die Hauptsache
An einem Sieb.

Ich habe dich so lieb.

Umweg

Ging ein Herz durchs Hirn Güte suchen,
Fand sie nicht, doch hörte da durchs Ohr
Zwei Matrosen landbegeistert fluchen,
Und das kam ihm so recht rührend vor.

Ist das Herz dann durch die Nase krochen.
Eine Rose hat das Herz gestochen,
Hat das Herz verkannt.
In der Luft hat was wie angebrannt
Schlecht gerochen.

Und das Wasser schmeckte nach Verrat.
Leise schlich das Herz zurück,
Schlich sich durch die Hand zur Tat,
Hämmerte.
Und da dämmerte
Ihm das Glück.

Schenken

Schenke groß oder klein,
Aber immer gediegen.
Wenn die Bedachten
Die Gaben wiegen,
Sei dein Gewissen rein.

Schenke herzlich und frei.
Schenke dabei
Was in dir wohnt
An Meinung, Geschmack und Humor,
So daß die eigene Freude zuvor
Dich reichlich belohnt.

Schenke mit Geist ohne List.
Sei eingedenk,
Daß dein Geschenk
Du selber bist.

Seepferdchen

Als ich noch ein Seepferdchen war,
Im vorigen Leben,
Wie war das wonnig, wunderbar
Unter Wasser zu schweben.
In den träumenden Fluten
Wogte, wie Güte, das Haar
Der zierlichsten aller Seestuten,
Die meine Geliebte war.
Wir senkten uns still oder stiegen,
Tanzten harmonisch um einand,
Ohne Arm, ohne Bein, ohne Hand,
Wie Wolken sich in Wolken wiegen.
Sie spielte manchmal graziöses Entfliehn,
Auf daß ich ihr folge, sie hasche,
Und legte mir einmal im Ansichziehn
Eierchen in die Tasche.
Sie blickte traurig und stellte sich froh,
Schnappte nach einem Wasserfloh,
Und ringelte sich
An einem Stengelchen fest und sprach so:
Ich liebe dich!
Du wieherst nicht, du äpfelst nicht,
Du trägst ein farbloses Panzerkleid
Und hast ein bekümmertes altes Gesicht,
Als wüßtest du um kommendes Leid.
Seestütchen! Schnörkelchen! Ringelnaß!

Wann war wohl das?
Und wer bedauert wohl später meine restlichen Knochen?
Es ist beinahe so, daß ich weine –
Lollo hat das vertrocknete, kleine
Schmerzverkrümmte Seepferd zerbrochen.

Das Mädchen mit dem Muttermal
Chanson

Woher sie kam, wohin sie ging,
Das hab' ich nie erfahren.
Sie war ein namenloses Ding
Von etwa achtzehn Jahren.
Sie küßte selten ungestüm.
Dann duftete es wie Parfüm
Aus ihren keuschen Haaren.

Wir spielten nur, wir scherzten nur;
Wir haben nie gesündigt.
Sie leistete mir jeden Schwur
Und floh dann ungekündigt,
Entfloh mit meiner goldnen Uhr
Am selben Tag, da ich erfuhr,
Man habe mich entmündigt.

Verschwunden war mein Siegelring
Beim Spielen oder Scherzen.
Sie war ein zarter Schmetterling.
Ich werde nie verschmerzen,
Wie vieles Goldene sie stahl,
Das Mädchen mit dem Muttermal
Zwei Handbreit unterm Herzen.

Genau besehn

Wenn man das zierlichste Näschen
Von seiner liebsten Braut
Durch ein Vergrößerungsgläschen
Näher beschaut,
Dann zeigen sich haarige Berge,
Daß einem graut.

Wir wollen uns wieder mal zanken,
Auf etwas hacken wie Raben,
Daß unsre zufriednen Gedanken
Eine Ablenkung haben.

Wir wollen irgendein harmloses Wort
Entstellen,
Dann uns verleumden und zum Tort
Etwas tun; das schlägt dann Wellen.

Wir wollen dritte aufzuhetzen
Versuchen,
Dann unsere Freundschaft verfluchen,
Einmal sogar ein Messer wetzen,
Dann aber uns – in Blickweite –
Auseinander zusammensetzen,
Um superior jedem weiteren Streite
Auszuweichen;
Mit dem Schwur beiseite:
Uns nimmermehr zu vergleichen.

Dann wollen wir, jeder mit Ungeduld,
Ein paar Nächte schlecht träumen,
Dann heimlich eine gewisse Schuld
Dem anderen einräumen,

Dann lächeln, dann seufzen, dann stöhnen,
Dann plötzlich uns gründlich bezechen,
Dann von dem vergänglichen, wunderschönen
Leben sprechen.

Und dann uns wieder einmal versöhnen.

Offener Antrag auf der Strasse

Ich habe einen Frisiersalon.
Komm mit. Dort wollen wir knutschen.
Ich wollte, ich wäre ein Malzbonbon
Und du, du würdest mich lutschen.

Wir geben dem Lehrbub den Nachmittag frei
Und schreiben »Geschlossen bis sieben«.
Ich habe Rotwein im Laden und drei
Dicke Roßhaarsäcke zum Lieben.

Ich werde dich unentgeltlich frisiern
Und dir die Nägel beschneiden.
Du brauchst dich gar nicht vor mir geniern,
Denn ich mag dicke Fraun leiden.

Ich habe auch Schwarzbrot und Butter und Quark
Und außerdem einen großen – –
Donnerwetter sind deine Muskeln stark!
Du, zeig mal: was hast du für Hosen?

Wenn du dann fortgehst, bedanke dich nicht,
Sondern halt es mit meinem Freund Franke.
Der sagt immer, wenn man vom lieben Gott spricht:
»Wem's gut geht, der sagt nicht danke.«

Zu dir

Sie sprangen aus rasender Eisenbahn
Und haben sich gar nicht weh getan.

Sie wanderten über Geleise,
Und wenn ein Zug sie überfuhr,
Dann knirschte nichts. Sie lachten nur.
Und weiter ging die Reise.

Sie schritten durch eine steinerne Wand,
Durch Stacheldrähte und Wüstenbrand,
Durch Grenzverbote und Schranken
Und durch ein vorgehaltnes Gewehr,
Durchzogen viele Meilen Meer. –

Meine Gedanken. –

Ihr Kurs ging durch, ging nie vorbei.
Und als sie dich erreichten,
Da zitterten sie und erbleichten
Und fühlten sich doch unsagbar frei.

Missglücktes Liebesabenteuer

Das Herz sitzt über dem Popo. –
Das Hirn überragt beides.
Leider! Denn daraus entspringen so
Viele Quellen des Leides.

Doch ginge uns plötzlich das Hirn ins Gesäß
Und die Afterpracht in die Köpfe,
Wir wären noch minder als hohles Gefäß,
Nur gestürzte, unfertige Töpfe.

Herz, Arsch und Hirn. – Ich ziehe retour
Meine kleinliche Überlegung. –
Denn dieses ganze Gedicht kommt nur
Aus einer enttäuschten Erregung.

Gnädige Frau, bitte trösten Sie mich

Gnädige Frau, bitte trösten Sie mich
Über mein inneres Grau.
Das ist kein Scharwenz um ein Liebedich. –
Gnädige Frau, seien Sie gnädige Frau.

Mein Herz ward arm, meine Nacht ist schwer,
Und ich kann den Weg nicht mehr finden. –
Was ich erbitte, bemüht Sie nicht mehr
Als wenn Sie ein Sträußchen binden.

Es kann ein Streicheln von euch, ein Hauch
Tausend drohende Klingen verbiegen.

Gnädige Frau,
Euer Himmel ist blau!

Ich friere. Es ist so lange kein Rauch
Aus meinem Schornstein gestiegen.

An Gabriele Boeddinghaus

Schenk mir dein Herz für vierzehn Tage,
Du weit ausschreitendes Giraffenkind,
Auf daß ich ehrlich und wie in den Wind
Dir Gutes und Verliebtes sage.

Als ich dich sah, du lange Gabriele,
Hat mich ein Loch in deinem Strumpf gerührt,
Und ohne daß du's weißt, hat meine Seele
Durch dieses Loch sich bei dir eingeführt.
Verjag sie nicht und sage: »Ja!«
Es war so schön, als ich dich sah.

Ein Komiker von erstem Rang

Das Schlüsselloch

Das Schlüsselloch, das im Haustor sass,
Erlaubte sich nachts einen Spass.
Es nahten Studenten
Mit Schlüsseln in Händen.
Da dachte das listige Schlüsselloch:
Ich will mich verstecken,
Um sie zu necken!
Worauf es sich wirklich seitwärts verkroch.
Alsbald nun tasteten die Studenten
Suchend,
Fluchend,
Mit Händen
An Wänden.
Und weil sie nichts fanden, zogen sie weiter.
Schlüsselloch lachte heiter.

(Die Herren erreichten ihr Zimmer nimmer.
Eigentlich war die Sache noch schlimmer.
Ich selbst war nämlich bei den Studenten –
Doch lassen wir es dabei bewenden.)

Es war ein faules Krokodil

Es war ein faules Krokodil,
Das lag zwei Monate ganz still.
Dann schlief es sieben Jahre ein
Und schließlich schien es tot zu sein.

Meine Tante, Frau Bebatte

Meine Tante, Frau Bebatte,*
Welche niemals Kinder hatte,
Las vertieft im Tageblatte:
»Ein Mulatte,
Welcher dreizehn Kinder hatte,
Aß vor Hunger eine Ratte,
Welche 19 Junge hatte.« –
Tante wurde weich wie Watte.
»Nein« – so rief sie – »nein, die Ratte!«

* *soll Babette heißen.*

Aus meiner Kinderzeit

Vaterglückchen, Mutterschößchen,
Kinderstübchen, trautes Heim,
Knusperhexlein, Tantchen Rös'chen,
Kuchen schmeckt wie Fliegenleim.

Wenn ich in die Stube speie,
Lacht mein Bruder wie ein Schwein.
Wenn er lacht, haut meine Schwester.
Wenn sie haut, weint Mütterlein.

Wenn die weint, muß Vater fluchen.
Wenn er flucht, trinkt Tante Wein.
Trinkt sie Wein, schenkt sie mir Kuchen:
Wenn ich Kuchen kriege, muß ich spein.

Der wilde Mann von Feldafing

Er schien zum Kriegsmann geboren.
Er trug nach allen Seiten hin Bart.
Selbst seine Beine waren behaart
Und steckten in Stiefeln mit Sporen.
Und trutzig über der Schulter hing
Ihm ein gewichtig Gewehr.
Mit gerunzelter Stirne ging
Er auf dem Bahnhof von Feldafing
Hin und her.
Und stehend, stolz und schulterbreit
Fuhr er dann zwei Stationen weit.
Die Kinder bestaunten ihn sehr.
Doch ehe noch ein Tag verging,
Schritt er schon wieder durch Feldafing
Mit einem Rucksack schwer.
Doch weil es so stark regnete,
Daß niemand ihm begegnete,
Ärgerte er sich sehr.
Als er durch seinen Garten schritt,
Sang dort ein Vögelchen Kiwitt,
Da griff er zum Gewehr:
Puff!!!

Ein kurzes Röchelchen –
Ein kleines Löchelchen –
Dann eine Katze – und etwas später:
Ein kleines Knöchelchen
Und eine Feder. –

Der wilde Mann von Feldafing.

Maiengruss an den Redakteur

Frühlingszartes Wohlbehagen
Schwellt erfrorne Poesie.
Maiberauscht im Speisewagen
Ballt sich etwas wie Genie.

Weil Berlin voraus in Sicht ist,
Und die Sonne mich bestrahlt.
Und je länger ein Gedicht ist,
Desto besser wird's bezahlt.

Darum: Hundertzweiundneunzig
Tausend und fünfhundertzwei
Oder noch mehr Leute freun sich.
Denn der Winter ist vorbei.

Elf Millionen zweimal hundert
Tausend siebenhundertzehn
Menschen sind etwas verwundert,
Weil kein Maikäfer zu sehn.

Sechs Billionen zwölf Milliarden –
Schätzungsweise – fragen sich:
Wo steckt Maximilian Harden.
Nun, verflucht, was kümmert's mich.

Vier Trillionen neun Billionen
Zirka siebenhundertelf
Milliarden fünf Millionen
Achtzehntausend hundertzwölf – –

Und ich könnte das erweitern
Bis in die Unendlichkeit,
Doch ein Dichter tritt den heitern
Frühlingszarten Mai nicht breit.

Sondern trinkt, sich selbst beschränkend,
Maienbowle, Maienkraut,
Seines Redakteurs gedenkend,
Dem er voll und ganz vertraut.

Der Komiker

Ein Komiker von erstem Rang
Ging eine Straße links entlang.
Die Leute sagten rings umher
Hindeutend: »Das ist der und der!«
Der Komiker fuhr aus der Haut
Nach Haus und würgte seine Braut.
Nicht etwa, wie von ungefähr,
Nein ernst, als ob das komisch wär.

Kindergebetchen

Erstes

Lieber Gott, ich liege
Im Bett. Ich weiß, ich wiege
Seit gestern fünfunddreißig Pfund.
Halte Pa und Ma gesund.
Ich bin ein armes Zwiebelchen,
Nimm mir das nicht übelchen.

Zweites

Lieber Gott, recht gute Nacht.
Ich hab noch schnell Pipi gemacht,
Damit ich von dir träume.
Ich stelle mir den Himmel vor
Wie hinterm Brandenburger Tor
Die Lindenbäume.
Nimm meine Worte freundlich hin,
Weil ich schon sehr erwachsen bin.

Drittes

Lieber Gott mit Christussohn,
Ach schenk mir doch ein Grammophon.
Ich bin ein ungezognes Kind,
Weil meine Eltern Säufer sind.
Verzeih mir, daß ich gähne.
Beschütze mich in aller Not,
Mach meine Eltern noch nicht tot
Und schenk der Oma Zähne.

Zwischen Lipp und Kelchesrand

Ein weibliches Rekördchen
Hatte sich besoffen,
Mußte mal aufs Örtchen.
Als es wieder rauskam,
War's schon übertroffen.

Emanuel Pips
(Zu seinem 81. Geburtstag)

Den Kammerjäger Emanuel Pips
Vom linken Ufer des Mississipps
Mochte jedermann leiden.
Er war äußerst bescheiden.
Er trug acht Zentimeter Rips
Als Anzug und einen Seiden-
faden in Grün als Schlips,
Fragte niemals nach Rennbahntips,
Hatte überhaupt keinen Grips,
Aß einmal am Tage (potato-ships),
Trank alkoholfreie Salzwasserflips,
Wurde trotz alledem magenkrank
Und starb am Schwips.
Seine kleine Büste aus Gips
Steht unter anderen Nippes
Heute auf meinem Bücherschrank.

Berichtigung: Kammerjäger Pips
Schrieb sich eigentlich innen mit Yps-
ilon, doch war so bescheiden und lieb,
Daß es ihm gleich war, wie man ihn schrieb.

Abschiedsworte an Pellka

Jetzt schlägt deine schlimmste Stunde,
Du Ungleichrunde,
Du Ausgekochte, du Zeitgeschälte,
Du Vielgequälte,
Du Gipfel meines Entzückens.
Jetzt kommt der Moment des Zerdrückens
Mit der Gabel! – – Sei stark!
Ich will auch Butter und Salz und Quark
Oder Kümmel, auch Leberwurst in dich stampfen.
Mußt nicht so ängstlich dampfen.
Ich möchte dich doch noch einmal erfreun.
Soll ich Schnittlauch über dich streun?
Oder ist dir nach Hering zumut?

Du bist ein so rührend junges Blut. –
Deshalb schmeckst du besonders gut.
Wenn das auch egoistisch klingt,
So tröste dich damit, du wundervolle
Pellka, daß du eine Edelknolle
Warst, und daß dich ein Kenner verschlingt.

Mein Wannenbad

Es muß wieder mal sein.
Also: Ich steige hinein
In zirka zwei Kubikmeter See.
Bis übern Bauch tut es weh.
Das Hähnchen plätschert in schamlosem Ton,
Ich atme und schnupfe den Fichtenozon,
Beobachte, wie die Strömung läuft,
Wie dann clam, langsam mein Schwamm sich besäuft.
Und ich ersäufe, um allen Dürsten
Gerecht zu werden, verschiedene Bürsten.
Ich seife, schrubbe, ich spüle froh.
Ich suche auf Ausguck
Vergebens nach einem ertrinkenden Floh,
Doch fort ist der Hausjuck.
Ich lehne mich weit und tief zurück,
Genieße schaukelndes Möwenglück.
Da taucht aus der blinkenden Fläche, wie
Eine Robinsoninsel, plötzlich ein Knie;
Dann – massig – mein Bauch – eines Walfisches Speck.
Und nun auf Wellen (nach meinem Belieben
Herangezogen, davongetrieben),
Als Wogenschaum spielt mein eigenster Dreck
Und da auf dem Gipfel neptunischer Lust,
Klebt sich der Waschlappen mir an die Brust.

Brust, Wanne und Wände möchten zerspringen,
Denn ich beginne nun, dröhnend zu singen
Die allerschwersten Opernkaliber.
Das Thermometer steigt über Fieber,
Das Feuer braust, und der Ofen glüht,
Aber ich bin schon so abgebrüht,
Daß mich gelegentlich Explosionen –
– Wenn's an mir vorbeigeht – –
Erfreun, weil manchmal dabei was entzweigeht,
Was Leute betrifft, die unter mir wohnen.
Ich lasse an verschiedenen Stellen
Nach meinem Wunsch flinke Bläschen entquellen,
Erhebe mich mannhaft ins Duschengebraus.
Ich bück mich. Der Stöpsel rülpst sich hinaus,
Und während die Fluten sich gurgelnd verschlürfen,
Spannt mich das Bewußtsein wie himmlischer Zauber,
Mich überall heute zeigen zu dürfen,
Denn ich bin sauber. –

Das Parlament

Im Parlament geht's zu.
Was die für Schnäbel haben, –
Da sind wir Waisenknaben
Dagegen, ich und du.

Mein Onkel Rolf aus Rügen,
Der ist einmal hineingewählt.
Wenn er recht voll ist und erzählt,
Dann merkt man, wie die lügen.

Ich habe selber zugeschaut,
Wie der das Volk vertrat.
Das geht auf keine Kuhhaut.
Man meint, die spielen Skat.

Nur manchmal, wenn der Präsident
Laut läutet, gibt es Ruhe.
Doch alles, was im Parlament
Geschieht, ist nur Getue.

Sie wollen sich in Wirklichkeit
Nur großtun und vertagen
Und freun sich auf die Ferienzeit.
Wo wir die Steuern tragen.

Mir geht das ganz daneben.
Ich bin selbst im Gesangverein.
Die wolln halt auch beisammen sein.
Und jeder Mensch will leben.

Simplicissimus-Träume

(Es existieren zurzeit deren fünf, wovon die Hauszensur der Kathi einige unterdrückt hat.)

1. Traum

Was man mitunter
Doch kunterbunter
Für tolle Sachen zusammenträumt.

Ich saß da bei Kathi recht aufgeräumt.
Der Simpel war vollbesetzt wie immer,
Und mit der Zeit ward es noch viel schlimmer;
Denn schon um zehn saßen einige Damen
Wegen Mangels an Platz auf den Bilderrahmen.
Ich selber stritt mich mit einem Dicken
Um einen Platz auf dem Telephon.
Es war eine schreckliche Situation
Und ein Tabaknebel, rein zum Ersticken.
Und dann begann nach dem Musizieren
Herr Scharf Gedichte zu rezitieren
Und Hadaschnüpfl – äh – Schnadahüpfl – hörte ich singen,
Und einer trug Minna von Berlichingen,
Ein andrer aus Götz von Barnhelm vor,
Und der »Revolutzer« drang an mein Ohr.
Ja, die Kathi selber erzählte sogar
Von einem kanonischen Blutegelpaar.

Aber alle wirkten zu gleicher Zeit,
Und das war ein Lärm, eine Heiterkeit – –!
Und der Lärm ward toller und immer toller
Und der Simpel voller und immer voller,
Ja, ich sah, wie einige junge Damen
Mit aufgespanntem Regenschirm kamen.
Erst später merkt' ich – Du heilige Güte! –
Die Regenschirme, das waren – – Hüte.

Hier klang es »Pardon«, dort hieß es »Verzeih'n«
Oder »Au, meine Hühneraugen!« »Mein Bein!«
Und es war ein grauenvoll Johlen und Zischen.
Ganz deutlich hörte man aber dazwischen
Die Kathi vorne am Eingang schrein:
»Es ist noch viel Platz! Nur immer herein!«

Auf einmal gebot sie Silentium
Und als dann natürlich alles gleich stumm,
Erklärte sie unter Beifallsbrausen,
Exzellenz Graf Zeppelin warte draußen
Und er wolle mit seinem Luftschiff einmal
Durch das weltbekannte Künstlerlokal.
Wahrhaftig, der Äronautikus
Flog 'rein in den Simplicissimus,
Fuhr dreimal im Vorderzimmer herum,

Warf Stühle, Menschen und Tische um
Und blieb dann natürlich hinten stecken.
Denkt euch die Panik, denkt euch den Schrecken!
Hier lautes Jammern, dort stürmisches Grüßen.
Jäh auf dem Kopf stand, was sonst auf den Füßen.
Schwarz wimmelte da im grausen Gemisch
Künstler und Künstlerin unter dem Tisch.
Und klirrende Scherben, vergossene Weine,
Zappelnde Arme und bebende Schw – äh – schwebende
Beine.

Und während der Graf aus der Gondel guckte
Und vergnügt auf die bunte Gesellschaft spuckte,
Stieg aus dem Luftschiff ein zweiter Mann,
Der bot Manschettenknöpfe an,
Manschettenknöpfe, die er selber erfunden,
Doch er war sehr bald im Gedränge verschwunden.

Inzwischen ward hinten ein Streit gedrechselt,
Da hatten zwei ihre Beine verwechselt,
Und der eine ließ gleich nach Berlin depeschieren
Und sich einen Feldzugsplan offerieren.

Und der Lärm ward toller und immer toller
Und der Simpel voller und immer voller,
Und draußen standen noch zwanzig Soldaten,
Die schwer betrunken sich Einlaß erbaten.
Aber: »Es ist noch viel Platz, nur immer herein!«
Ein Turn- und ein Männergesangverein,
Eine lustige Damenkapelle aus Wien,
Der Leipziger Wingolf, ein Chor aus Berlin – –,
Schon wurden sie schichtweis' untergebracht,
Da kam noch ein Bote zu später Nacht.
Die Rosa Luxemburg, die ließ sagen,
Ein Jungfrauenbund wolle gern hier tagen
Und ob wohl noch Platz vorhanden wäre
Und die Kathi sprach etwas von »hoher Ehre«
Und »seltene Gäste willkommen sein«
Und »es ist noch viel Platz, nur immer herein!«

Da packte mich eisiger Schauder und Graus,
Hier kommst du doch nicht lebend heraus,
Und wenn dann sterben, dann schnell gleich sterben!
Mein Glas Magdalener warf ich zu Scherben,
Vom Telephonkasten sprang ich voll Stolz,
Entzündete kühn ein Schwefelholz,
Schwankte noch einmal und rief dann: »Es sei!«
Und hielt dann das Streichholz an Zeppelin III. – –

Ein heller Blitz, ein Knall, ein Schuß:
Verschwunden der Simplicissimus.
Ich bin, wer hätte das gedacht,
Nicht im, doch unterm Bett erwacht.
Ich lag in einer großen Lache,
Und neben mir lag noch 'ne Sache,
Ein porzellanes, rundes Ding,
Dem's ganz genau wie mir erging.
Wir waren beide unversehrt
Und hatten beide uns entleert.

Die Simplicissimus-Bowle

Im Hofe links steht eine Tonne,
Am Himmel oben steht die Sonne,
Und zwischen Sonne und dem Faß
Steht Kathi mit der Ananas.
Besagtes Faß enthält statt Bier
Aqua und H_2SO_4
Und wenn (jetzt wird die Kathi blaß)
Der Schatten von der Ananas
Dann auf die Wassertonne fällt,
Dann – – ist die Bowle hergestellt.

Heimweg

Babette starb – noch vor erhoffter Zeit. –
Bei ihrer Nichte stand ein Sarg bereit.
Und diese Nichte fuhr mit ihrem Gatten
Nebst Leiche und mit Höchstgeschwindigkeit
Im Leichenauto zum Bestatten.

Doch was kommt in Berlin nicht alles vor;
Und eben deshalb hatte der Chauffeur
In einem Ladenfenster links am Brandenburger Tor
Malheur.

Aus Autotrümmern, Scherben und Korsetten
Zog man Chauffeur, nebst Nichte, nebst Gemahl ganz tot
hervor.

Die Leiche nur (wir sprechen von Babetten)
Vermochte sich zu retten.
Da sie zum Glück nur scheintot wesen war,
Ging sie jetzt heim und lächelte sogar.

Katze vor Anker

Schlafen die Bewohner
Von dem Gaffelschoner
Im Kajüt am Heck? –

Weil das Boot vor Anker liegt,
Hockt die Katze mißvergnügt
Oben auf dem Deck.

Sieht sie Mäuse, Ratten? –
Doch der Wind hat sich gelegt.
Was sich einzig noch bewegt,
Ist ihr eigner Schatten.

Vor ihr liegt ein dickes Tau,
Rund geschlängelt, wie ein Kranz,
Viel viel länger als ihr Schwanz.
Ach, miau – miau.

Keine Ratte, keine Maus,
Keine Gasse und kein Haus,
Nichts, was mitmiaute.

Und die arme Katerbraut
Äußert ihren Kummer laut
Dort im Strom bei Flaute.

Suahelischnurrbarthaar

Die Schnupftabaksdose

Es war eine Schnupftabaksdose,
Die hatte Friedrich der Grosse
Sich selbst geschnitzelt aus Nussbaumholz.
Und darauf war sie natürlich stolz.

Da kam ein Holzwurm gekrochen.
Der hatte Nussbaum gerochen.
Die Dose erzählte ihm lang und breit
Von Friedrich dem Grossen und seiner Zeit.

Sie nannte den alten Fritz generös.
Da aber wurde der Holzwurm nervös
Und sagte, indem er zu bohren begann:
»Was geht mich Friedrich der Grosse an!«

Der Briefmark

Ein männlicher Briefmark erlebte
Was Schönes, bevor er klebte.
Er war von einer Prinzessin beleckt.
Da war die Liebe in ihm erweckt.

Er wollte sie wiederküssen,
Da hat er verreisen müssen.
So liebte er sie vergebens.
Das ist die Tragik des Lebens!

Die Ameisen

In Hamburg lebten zwei Ameisen,
Die wollten nach Australien reisen.
Bei Altona auf der Chaussee
Da taten ihnen die Beine weh,
Und da verzichteten sie weise
Denn auf den letzten Teil der Reise.

So will man oft und kann doch nicht
Und leistet dann recht gern Verzicht.

Es trafen sich von ungefähr

Es trafen sich von ungefähr
Ein Wolf, ein Mensch, sowie ein Bär,
Und weil sie lange nichts gegessen,
So haben sie sich aufgefressen.
Der Wolf den Menschen, der den Bär,
Der Bär den Wolf. – Es schmeckte sehr
Und blieb nichts übrig als ein Tuch,
Drei Haare und ein Wörterbuch.
Das war der Nachlass dieser drei.
Der eine Mensch, der hiess Karl May.

Die Badewanne

Die Badewanne prahlte sehr.
Sie hielt sich für das Mittelmeer
Und ihre eine Seitenwand
Für Helgoländer Küstenland.
Die andre Seite – gab sie an –
Sei das Gebirge Hindustan
Und ihre große Rundung sei
Bestimmt die Delagoabai.
Von ihrem spitzen Ende vorn,
Erklärte sie, es sei Kap Horn.
Den Kettenzug am Regulator
Hielt sie sogar für den Äquator.
Sie war – nicht wahr, das merken Sie? –
Sehr schwach in der Geographie.
Dies eingebildete Bassin,
Es wohnte im Quartier latin.

Es bildete sich ein Gemisch

Es bildete sich ein Gemisch
Von Stachelschwein und Tintenfisch.
Die Wissenschaft, die teilt es ein
In Stachelfisch und Tintenschwein.
Der Fisch bewohnt den Ozean.
Gefährlich ist es, ihm zu nahn.
Das Tintenschwein trifft man in Büchern,
An Fingerspitzen, Taschentüchern.
Es ist – das liegt ja auf der Hand –
Dem Igelschwein noch sehr verwandt.

Ein Taschenkrebs und ein Känguruh

Ein Taschenkrebs und ein Känguruh,
Die wollten sich ehelichen.
Das Standesamt gab es nicht zu,
Weil beide einander nicht glichen.

Da riefen sie zornig: »Verflucht und verdammt
Sei dieser Bureaukratismus!«
Und hingen sich auf vor dem Standesamt
An einem Türmechanismus.

Man stirbt hier vor Langeweile

Man stirbt hier vor Langeweile,
Dachte die Nagelfeile
Beim Mittagessen!
Und machte sich, wie von ungefähr,
Über den Fingernagel her,
Beim Mittagessen!
Da begann eine silberne Gabel zu schrei'n:
»Meine Dame – – Sie sind hier nicht allein!«

Im dunklen Erdteil Afrika

Im dunklen Erdteil Afrika
Starb eine Ziehharmonika.
Sie wurde mit Musik begraben.
Am Grabe sassen zwanzig Raben.
Der Rabe Num'ro einundzwanzig
Fuhr mit dem Segelschiff nach Danzig
Und gründete dort etwas später
Ein Heim für kinderlose Väter.
Und die Moral von der Geschicht? –
Die weiß ich leider selber nicht.

Tante Qualle und der Elefant

Die Tante Qualle schwamm zum Strand.
Es liebte sie ein Elefant,
Mit Namen Hildebrand genannt.
Der wartete am Meeresstrand
Mit einem Sträußchen in der Hand.
Das übergab er ihr galant
Und bat um Tante Quallens Hand.
Da knüpften sie ein Eheband.
Der Doktor Storch, der abseits stand,
Der dachte: »Armer Hildebrand!«
Worauf er weiterging und lachte.
– – – – – – – – – – – – – – – – –
Warum der Storch wohl so was dachte?

Ein Nagel sass in einem Stück Holz

Ein Nagel sass in einem Stück Holz.
Der war auf seine Gattin sehr stolz.
Die trug eine goldene Haube
Und war eine Messingschraube.
Sie war etwas locker und etwas verschraubt,
Sowohl in der Liebe, als auch überhaupt.
Sie liebte ein Häkchen und traf sich mit ihm
In einem Astloch. Sie wurden intim.
Kurz, eines Tages entfernten sie sich
Und ließen den armen Nagel im Stich.
Der arme Nagel bog sich vor Schmerz.
Noch niemals hatte sein eisernes Herz
So bittere Leiden gekostet.
Bald war er beinah verrostet.
Da aber kehrte sein früheres Glück,
Die alte Schraube wieder zurück.
Sie glänzte übers ganze Gesicht.
Ja alte Liebe, die rostet nicht!

Logik

Die Nacht war kalt und sternenklar,
Da trieb im Meer bei Norderney
Ein Suahelischnurrbarthaar. –
Die nächste Schiffsuhr wies auf drei.

Mir scheint da mancherlei nicht klar,
Man fragt doch, wenn man Logik hat,
Was sucht ein Suahelihaar
Denn nachts um drei am Kattegatt?

»Oh«, rief ein Glas Burgunder

»Oh«, rief ein Glas Burgunder,
»Oh, Mond, du göttliches Wunder!
Du giesst aus silberner Schale
Das liebestaumelnde, fahle,
Trunkene Licht wie sengende Glut
Hin über das nachtigallige Land – –«

Da rief der Mond, indem er verschwand:

»Ich weiss! Ich weiss! Schon gut! Schon gut!«

Bumerang

War einmal ein Bumerang;
War ein Weniges zu lang.
Bumerang flog ein Stück,
Aber kam nicht mehr zurück.
Publikum – noch stundenlang –
Wartete auf Bumerang.

Schaudervoll, es zog die reine

Schaudervoll: Es zog die reine,
Weiße, ehrbar keusche Clara
Aus dem Sittlichkeitsvereine
Eines Abends nach Ferrara.
Schaudervoll: Dort, irgendwo,
Floß der Po.
Schaudervoll, doch es geschah
In Ferrara, daß die Clara
Aus dem Sittlichkeitsvereine
Nachts den Po doppelt sah.

Die Geburtenzahl

Die Geburtenzahl
Ging herunter,
Traf den Pfarrer im Tal
Nachts noch munter.

Heidel da diedel dumm
Wie war das schön im Tal!
Aufwärts steigt wiederum
Bald die Geburtenzahl.

* * *

Und dann lächelt alles froh
Im statistischen Büro.

Übergewicht

Es stand nach einem Schiffsuntergange
Eine Briefwage auf dem Meeresgrund.
Ein Walfisch betrachtete sie bange,
Beroch sie dann lange,
Hielt sie für ungesund,
Ließ alle Achtung und Luft aus dem Leibe,
Senkte sich auf die Wiegescheibe
Und sah – nach unten schielend – verwundert:
Die Wage zeigte über Hundert.

Das scheue Wort

Es war ein scheues Wort.
Das war ausgesprochen
Und hatte sich sofort
Unter ein Sofa verkrochen.

Samstags, als Berta das Sofa klopfte,
Flog es in das linke, verstopfte
Ohr von Berta. Von da aus entkam es.
Ein Windstoß nahm es,
Trug es weit und dann hoch empor.
Wo es sich in das halbe, bange
Gedächtnis eines Piloten verlor.

Fiel dann an einem Wiesenhange
Auf eine umarmte Arbeiterin nieder,
Trocknete deren Augenlider.
Wobei ein Literat es erwischte
Und, falsch belauscht,
Eitel aufgebauscht,
Mittags dann seichten Fressern auftischte.

Und das arme, mißbrauchte,
Zitternde scheue Wort
Wanderte weiter und tauchte
Wieder auf, hier und dort.

Bis ein Dichter es sanft einträumte,
Ihm ein stilles Palais einräumte. – –

Kam aber sehr bald ein Parodist
Mit geschäftlich sicherem Blick,
Tauchte das Wort mit Speichel und Mist
In einen Aufguß gestohlner Musik.

So ward es publik.
So wurde es volkstümlich laut.
Und doch nur sein Äußeres, seine Haut,
Das Klangliche und das Reimliche.
Denn das Innerste, Heimliche
An ihm war weder lauschend noch lesend
Erreichbar, blieb öffentlich abwesend.

Die neuen Fernen

In der Stratosphäre,
Links vom Eingang, führt ein Gang
(Wenn er nicht verschüttet wäre)
Sieben Kilometer lang
Bis ins Ungefähre.

Dort erkennt man weit und breit
Nichts. Denn dort herrscht Dunkelheit.
Wenn man da die Augen schließt
Und sich langsam selbst erschießt,
Dann erinnert man sich gern
An den deutschen Abendstern.

Kleine Lügen …

Kleine Lügen und auch kleine
Kinder haben kurze Beine.

Das ABC ist äußerst wichtig.
Im Telephonbuch steht es richtig.

Der Spanier lebt in fernen Zonen
Für die, die weitab davon wohnen.

Ich bin, wie Sie wissen, Ihre Durchlaucht

Ich bin, wie Sie wissen, Ihre Durchlaucht
Prinzessin Knöllchen. – Ich bin so zart,
Daß: wenn mich ein Mann anhaucht,
Wächst mir sofort ein Bart.

Hab aber noch nie einen Mann gesehn,
Denn ich bin streng bewacht.
Zehntausend Soldaten, die Tag und Nacht
Mein Schloß umstehn,
Lassen keinen Mann herein.

Mein Herz ist aus Seide und Elfenbein.

Seemannstreue Katerpoesie

Kuttel Daddeldu und die Kinder

Wie Daddeldu so durch die Welten schifft,
Geschieht es wohl, daß er hie und da
Eins oder das andre von seinen Kindern trifft,
Die begrüßen dann ihren Europapa:
»Gud morning! – Sdrastwuide! – Bong Jur, Daddeldü!
Bon tscherno! Ok phosphor! Tsching – tschung! Bablabü!«
Und Daddeldu dankt erstaunt und gerührt
Und senkt die Hand in die Hosentasche
Und schenkt ihnen, was er so bei sich führt,
– – Whiskyflasche,
Zündhölzer, Opium, türkischen Knaster,
Revolverpatronen und Schweinsbeulenpflaster,
Gibt jedem zwei Dollar und lächelt: »Ei, ei!«
Und nochmals: »Ei, Ei!« – Und verschwindet dabei.

Aber Kindern von deutschen und dänischen Witwen
Pflegt er sich intensiver zu widmen.
Die weiß er dann mit den seltensten Stücken
Aus allen Ländern der Welt zu beglücken.
Elefantenzähne – Kamerun,
Mit Kognak begoss'nes malaiisches Huhn,
Aus Friedrichroda ein Straußenei,
Aus Tibet einen Roman von Karl May,
Einen Eskimoschlips aus Giraffenhaar,
Auch ein Stückchen versteinertes Dromedar.

Und dann spielt der poltrige Daddeldu
Verstecken, Stierkampf und Blindekuh,
Markiert einen leprakranken Schimpansen,
Lehrt seine Kinderchen Bauchtanz tanzen
Und Schiffchen schnitzen und Tabak kauen.
Und manchmal, in Abwesenheit älterer Frauen,
Tätowiert er den strampelnden Kleinchen
Anker und Kreuze auf Ärmchen und Beinchen.

Später packt er sich sechs auf den Schoß
Und läßt sich nicht lange quälen,
Sondern legt los:
Grog saufen und dabei Märchen erzählen;
Von seinem Schiffbruch bei Helgoland,
Wo eine Woge ihn an den Strand
Auf eine Korallenspitze trieb,
Wo er dann händeringend hängenblieb.
Und hatte nichts zu fressen und saufen;
Nicht mal, wenn er gewollt hätte, einen Tropfen
Trinkwasser, um seine Lippen zu benetzen,
Und kein Geld, keine Uhr zum Versetzen.
Außerdem war da gar nichts zu kaufen;
Denn dort gab's nur Löwen mit Schlangenleiber,
Sonst weder keine Menschen als auch keine Weiber.
Und er hätte gerade so gern einmal wieder
Ein kerniges Hamburger Weibstück besucht.

Und da kniete Kuttel nach Osten zu nieder.
Und als er zum drittenmal rückwärts geflucht,
Da nahte sich plötzlich der Vogel Greif,
Und Daddeldu sagte: »Ei wont ä weif.«
Und der Vogel Greif trug ihn schnell
Bald in dies Bordell, bald in jenes Bordell
Und schenkte ihm Schlackwurst und Schnaps und so
weiter. –
So erzählt Kuttel Daddeldu heiter, –
Märchen, die er ganz selber erfunden.
Und säuft. – Es verfließen die Stunden.
Die Kinder weinen. Die Märchen lallen.
Die Mutter ist längst untern Tisch gefallen,
Und Kuttel – bemüht, sie aufzuheben –
Hat sich schon zweimal dabei übergeben.
Und um die Ruhe nicht länger zu stören,
Verläßt er leise Mutter und Göhren.

Denkt aber noch tagelang hinter Sizilien
An die traulichen Stunden in seinen Familien.

Spuk mit Rümmel und Kum

Der fliegende Holländer
Verlor seine Strumpfbänder.

Ein Fischer hat dem zugesehn;
Der konnte nicht mehr gerade stehn.

Nun sieh mal an! Ei ei!

Nun sieh mal an! Ei ei!
Am Himmel stehn drei Sterne.
Vor kurzem standen da nur zwei.
Nun wüßt ich gar zu gerne
Was Näheres über die Ferne.
Denn etwas stimmt mir nicht dabei.

Nach dem Gewitter

Der Blitz hat mich getroffen.
Mein stählerner, linker Manschettenknopf
Ist weggeschmolzen, und in meinem Kopf
Summt es, als wäre ich besoffen.

Der Doktor Berninger äußerte sich
Darüber sehr ungezogen:
Das mit dem Summen wär' typisch für mich,
Das mit dem Blitz wär' erlogen.

Einsiedlers Heiliger Abend

Ich hab' in den Weihnachtstagen –
Ich weiß auch, warum –
Mir selbst einen Christbaum geschlagen,
Der ist ganz verkrüppelt und krumm.

Ich bohrte ein Loch in die Diele
Und steckte ihn da hinein
Und stellte rings um ihn viele
Flaschen Burgunderwein.

Und zierte, um Baumschmuck und Lichter
Zu sparen, ihn abends noch spät
Mit Löffeln, Gabeln und Trichter
Und anderem blanken Gerät.

Ich kochte zur heiligen Stunde
Mir Erbsensuppe mit Speck
Und gab meinem fröhlichen Hunde
Gulasch und litt seinen Dreck.

Und sang aus burgundernder Kehle
Das Pfannenflickerlied.
Und pries mit bewundernder Seele
Alles das, was ich mied.

Es glimmte petroleumbetrunken
Später der Lampendocht.
Ich saß in Gedanken versunken.
Da hat's an die Türe gepocht,

Und pochte wieder und wieder.
Es konnte das Christkind sein.
Und klang's nicht wie Weihnachtslieder?
Ich aber rief nicht: »Herein!«

Ich zog mich aus und ging leise
Zu Bett, ohne Angst, ohne Spott,
Und dankte auf krumme Weise
Lallend dem lieben Gott.

Meine alte Schiffsuhr

In meinem Zimmer hängt eine runde,
Alte, achteckige Segelschiffsuhr.
Sie schlägt weder Glasen noch Stunde.
Sie schlägt, wie sie will, und auch nur,

Wann sie will. Die Uhrmacher gaben
Sie alle ratlos mir zurück;
Sie wollten mit solchem Teufelsstück
Gar nichts zu tun haben.

Und gehe sie, wie sie wolle,
Ich freue mich, weil sie noch lebt.
Nur schade, daß nie eine tolle
Dünung sie senkt oder hebt

Oder schüttert. Nein, sie hängt sicher
Geborgen. Doch in ihr kreist
Ein ruhelos wunderlicher
Freibeuter-Klabautergeist.

Nachts, wenn ich still vor ihr hocke,
Dann höre ich mehr als Ticktack.
Dann klingt was wie Nebelglocke
Und ferner Hundswachenschnack.

Und manche Zeit versäume
Ich vor der spukenden, unkenden Uhr,
Indem ich davon träume,
Wie ich mit ihr nach Westindien fuhr.

Ein ehemaliger Matrose fliegt

Ich bin einst in Seemannsjahren
Oft elbauf, elbab gefahren.
Auf der Seite, wo wir dann Stadt Altona
Sichteten, stand ich an Deck und sah.

Sah ein Haus. Vom Schornsteinruß geschminkt
Kiekt es lustig nach der Elbe hin.
Und ich wußte: Meta wohnt darin.
Wenn ich dort vorbeigefahren bin,
Hat sie mir und hab ich ihr gewinkt,
Ein Signal »Ich liebe dich«.
Und ich sah sie, und sie sah auch mich.

Heute flog ich über das vertraute
Altona. Hab nicht das Haus entdeckt.
Doch ich hab die Hand hinausgestreckt,
Hab gewinkt, wie ich es einst getan.
Und ich wußte: Meta schaute,
Winkte auf nach meinem Wolkenkahn
Oder wie sie's nennen, »Aeroplan«.

Wenn man sich auch sonst von nah,
Teufel eins, viel lieber sah,
Dacht ich doch verliebt und bang
Oben dort im Wolkenhang:

Wenn ich jetzt hinunterstürze,
Fängt mich Meta in der Schürze
Auf.

Hafenkneipe

In der Kneipe »Zum Südwester«
Sitzt der Bruder mit der Schwester
Hand in Hand.
Zwar der Bruder ist kein Bruder,
Doch die Schwester ist ein Luder
Und das braune Mädchen stammt aus Feuerland.

In der Kneipe »Zum Südwester«
Ballt sich manchmal eine Hand,
Knallt ein Möbel an die Wand.

Doch in jener selben Schenke
Schäumt um einfache Getränke
Schwer erkämpftes Seemannsglück.
Die Matrosen kommen, gehen.
Alles lebt vom Wiedersehen.
Ein gegangener Gast sehnt sich zurück.

Durch die Fensterscheibe aber träumt ein Schatten
Derer, die dort einmal
Oder keinmal
Abenteuerliche Freude hatten.

Daß die kleinste Welt die größte ist

Weihnachten

Liebeläutend zieht durch Kerzenhelle,
Mild, wie Wälderduft, die Weihnachtszeit,
Und ein schlichtes Glück streut auf die Schwelle
Schöne Blumen der Vergangenheit.

Hand schmiegt sich an Hand im engen Kreise,
Und das alte Lied von Gott und Christ
Bebt durch Seelen und verkündet leise,
Daß die kleinste Welt die größte ist.

Im Park

Ein ganz kleines Reh stand am ganz kleinen Baum
Still und verklärt wie im Traum.
Das war des Nachts elf Uhr zwei.
Und dann kam ich um vier
Morgens wieder vorbei,
Und da träumte noch immer das Tier.
Nun schlich ich mich leise – ich atmete kaum –
Gegen den Wind an den Baum,
Und gab dem Reh einen ganz kleinen Stips.
Und da war es aus Gips.

Jene Grosse

Weil jeder sie so entzückend
Grün und natürlich fand,
Ging die große Mimose
Von Hand zu Hand.

Und ging und lebte, ward müde und schlief,
Und ward herumgereicht.
Und wünschte sich vielleicht – vielleicht! –
Ganz tief,
So unempfindlich zu sein
Wie ein Stein.

Und wie sie trotzdem wunderbar
Organisch grün und wissend klar
Gedieh,
Umschwärmten, liebten, achteten sie
Die Menschen und die Tiere,
Merkten aber fast nie,
Daß sie keine Rose,
Daß sie eine große Mimose war.

Natur

Wenn immer sie mich fragen,
Ob ich ein Freund sei der Natur,
Was soll ich ihnen nur
Dann sagen?

Ich kann eine Bohrmaschine,
Einen Hosenträger oder ein Kind
So lieben wie eine Biene
Oder wie Blumen oder Wind.

Ein Sofa ist entstanden,
So wie ein Flußbett entstand.
Wo immer Schiffe landen,
Finden sie immer nur Land.

Es mag ein holder Schauer
Nach einem Erlebnis in mir sein.
Ich streichle eine Mauer
Des Postamts. Glatte Mauer aus Stein.

Und keiner von den Steinen
Nickt mir zurück.

Und manche Leute weinen
Vor Glück.

Arm Kräutchen

Ein Sauerampfer auf dem Damm
Stand zwischen Bahngeleisen,
Machte vor jedem D-Zug stramm,
Sah viele Menschen reisen

Und stand verstaubt und schluckte Qualm
Schwindsüchtig und verloren,
Ein armes Kraut, ein schwacher Halm,
Mit Augen, Herz und Ohren.

Sah Züge schwinden, Züge nahn.
Der arme Sauerampfer
Sah Eisenbahn um Eisenbahn,
Sah niemals einen Dampfer.

Doch ihre Sterne kannst du nicht verschieben

Das Sonderbare und Wunderbare
Ist nicht imstande, ein Kind zu verwirren.
Weil Kinder wie Fliegen durch ihre Jahre
Schwirren. – Nicht wissend, wo sie sind.

Nur vor den angeblich wahren
Deutlichkeiten erschrickt ein Kind.

Das Kind muß lernen, muß bitter erfahren.
Weiß nicht, wozu das frommt.
Hört nur: das muß so sein.

Und ein Schmerz nach dem anderen kommt
In das schwebende Brüstchen hinein.
Bis das Brüstchen sich senkt
Und das Kind denkt.

Wer hört ein Stäubchen lachen?

Stäubchen stob durch die Stube.
Dort saß ein kleiner Bube
(Der Stäubchen wie ein Riese erschien)
Vor einem Stadtplan von Berlin.

Stäubchen lachte: »Berlin ist klein!«
Drang in Bübchens Nase hinein
Und ließ sich von dem Riesen
Wieder ins Weltall niesen.

Ein ganzes Leben

»Weißt du noch«, so frug die Eintagsfliege
Abends, »wie ich auf der Stiege
Damals dir den Käsekrümel stahl?«

Mit der Abgeklärtheit eines Greises
Sprach der Fliegenmann: »Gewiß, ich weiß es!«
Und er lächelte: »Es war einmal –«

»Weißt du noch«, so fragte weiter sie,
»Wie ich damals unterm sechsten Knie
Jene schwere Blutvergiftung hatte?« –

»Leider«, sagte halb verträumt der Gatte.

»Weißt du noch, wie ich, weil ich dir grollte,
Fliegenleim-Selbstmord verüben wollte?? –
Und wie ich das erste Ei gebar?? –
Weißt du noch, wie es halb sechs Uhr war?? –
Und wie ich in Milch gefallen bin?? – –«

Fliegenmann gab keine Antwort mehr,
Summte leise, müde vor sich hin:
»Lang, lang ist's her – – lang – – –«

Nach einer Zeit

Der du unsrer so gedachtest,
Als uns alles sonst vergaß,
Soviel Glück, wie du uns brachtest,
Keine Wiese hat's an Gras.

Wenn zwei Augen im Erblinden,
Wenn zwei Herzen ganz verzagt
Plötzlich Licht und Hoffnung finden,
Dann hat Gott etwas gesagt.

Lächelt jetzt ein Regenwürmchen,
Weil die Amsel vor mir flieht?

Hohe Türme sind nur Türmchen,
Wenn ein Adlerauge sieht.

Jenem Stück Bindfaden

Bindfaden, an den ich denke,
Kurz warst du, und lang ist's her.

Ohne dich wäre das so schwer
Und so hoffnungslos gewesen.

Auf der Straße von mir aufgelesen,
Halfst du mir,
Mir und meiner Frau. – Wir danken dir,
Ich und meine Frau.

Bindfaden, du dünne Kleinigkeit
Wurdest mir zum Tau. –
Damals war Hungerszeit;
Und ich hätte ohne dich in jener Nacht
Den Kartoffelsack nicht heimgebracht.

Tierschutz-Worte

Seien Sie nett zu den Pferden!
Die Freiheit ist so ein köstliches Gut.
Wie weh Gefangenschaft tut,
Merken wir erst, wenn wir eingesperrt werden.

Seien Sie lieb zu den Hunden!
Auch zu den scheinbar bösesten.
Kein Mensch kann in Ihren schlimmen Stunden
Sie so, wie ein Hund es kann, trösten.

Gehen Sie bei der Wanze
Aufs Ganze.
Doch lassen Sie krabbeln, bohren und graben
Getier, das Ihnen gar nichts entstellt.

Alle Tiere haben
Augen aus einer uns unbekannten Welt.

Kochen Sie die Forelle nicht
Vom Kaltwasser an lebendig!

Auch jeder Gegenstand hat sein Gesicht,
Außen wie inwendig.
Und nichts bleibt vergessen.

Die Ewigkeit, die Unendlichkeit
Hat noch kein Mensch ausgemessen,
Aber der Weg dorthin ist nicht weit.

Suchen Sie jedwede Kreatur
In ihr selbst zu begreifen.
Jedes Tier gehorcht seinem Herrn.

Sich selber nur
Dürfen Sie – und sollen es gern –
Grausam dressieren (die Eier schleifen).

Stalltüren

Zwei dicke Elefanten
Wollten inkognito
Heimwandern. Doch alle Passanten
Erkannten die Elefanten
Als Flüchtlinge aus dem Zoo.

Und wenn sich auch niemand getraute,
Sie anzufassen, ward ihnen doch klar,
Daß man ihre Absicht durchschaute
Und daß nun bald was im Gange war.

Verfolgt von einem großen Heer
Von Schauvolk und Soldaten
Und Autos, Mob und Feuerwehr
Schwenkten sie links und betraten
Zwei Eingänge einer Bedürfnisanstalt –
Für Herren und für Damen –
Und äpfelten. – Schutzleute kamen
Und haben sie niedergeknallt.

Pinguine

Auch die Pinguine ratschen, tratschen,
Klatschen, patschen, watscheln, latschen,
Tuscheln, kuscheln, tauchen, fauchen
Herdenweise, grüppchenweise
Mit Gevattern,
Pladdern, schnattern
Laut und leise.
Schnabel-Babelbabel-Schnack,
Seriöses, Skandalöses, Hiebe, Stiche.

Oben: Chemisette mit Frack.
Unten: lange, enge, hinderliche
Röcke. – Edelleute, Bürger, Pack,
Alte Weiber, Professoren.

Riesenvolk, in Schnee und Eis geboren.
Sie begrüßen herdenweise
Ersten Menschen, der sich leise
Ihnen naht. Weil sie sehr neugierig sind.
Und der erstgesehene Mensch ist neu.
Und Erfahrungslosigkeit starrt wie ein kleinstes Kind
Gierig staunend aus, jedoch nicht scheu.

Riesenvolk, in Schnee und Eis geboren,
Lebend in verschwiegener Bucht
In noch menschenfernem Lande.
Arktis-Expedition. – Revolverschuß –:
Und das Riesenvolk, die ganze Bande
Ergreift die Flucht.

Grosser Vogel

Die Nachtigall ward eingefangen,
Sang nimmer zwischen Käfigstangen.
Man drohte, kitzelte und lockte.
Gall sang nicht. Bis man die Verstockte
In tiefsten Keller ohne Licht
Einsperrte. – Unbelauscht, allein
Dort, ohne Angst vor Widerhall,
Sang sie
Nicht – –,
Starb ganz klein
Als Nachtigall.

Artist auf Reisen

Betrachtungen in einer Bahnhofswartehalle

Wie seine eigne Spucke schmeckt,
Das weiß man nicht.
Wenn man in seinen Spiegel leckt,
Kriegt man die Spucke zu Gesicht.

Das muß durchaus kein Spiegel sein.
Man kann aufs Sofa, auf die Hand,
Man kann auf jeden Gegenstand,
Wenn man nur richtig hintrifft, spein.

Jedoch: Tut wohl ein Gent,
Der etwas von Bazillen
Weiß und die Folgen kennt,
Bazillen das zu Willen??

Man spuckt von Bord ins Meer bei Sturm.
Man spuckt diskret vom Eiffelturm
(Bis unten sechs Sekunden).
Man spuckt an einen Litfaßzaun,
Doch nie in Gegenwart von Fraun
Und stets in stillen Stunden.

Weh dem, der sie verliert!
Weh dem, der sie vergeudet,

Die Spucke! Sie bedeutet
Viel, wenn man raucht und priemt, frankiert,
Umblättert, löscht, aquarelliert.

Die eigne Spucke, Mimikry,
Verdirbt den Appetit uns nie.
Ich bin nicht ihr Entdecker.
Ich bin kein Speichellecker,
Bin kein Feinschmecker,
Doch ich liebe sie.

Ich liebe nur die meinige.
Ausnahmen sind exzeptionell
Und – frei gesagt – dann sexuell;
Obwohl ich solche Leute niemals steinige.

Manches soll man verschlucken.
Jetzt naht mein Zug. Die Zeit vergeht.
Ich weiß, in jedem Wagen steht:
»Nicht auf den Boden spucken.«

Ab Kopenhagen

Kein Kaviar, kein' Kokosnuß,
Kein Obst noch Weinbergschnecken –
Am Tage, da ich reisen muß,
Da will mir nichts mehr schmecken.

Lebe wohl, du schönes Kopenhagen!
Wie ist das schlimm: Entbehrlich sein.
Was kümmert dich im Grunde mein
Schweres Herz und mein leerer Magen.

Der mein Gepäck zur Bahn gebracht,
Der Mann kennt keine Tränen.
Im Gegenteil: er grüßt und lacht
Vergnügt. So sind die Dänen.

Wie stets nach dreißig Tagen
Bricht eine neue Welt entzwei.
Mich hat ein Mädchen hier umgarnt,
Ein Wunderweib! – Vorbei! Vorbei!
Nun sitz ich still im Wagen.
Jedoch ich will nicht klagen.
Vor Taschendieben wird gewarnt.

Lebe wohl, du schönes Kopenhagen.

Aneinander vorbei

Vom Speisewagen
Durchs Land getragen,
Siehst du Dörfer, Felder, Katz' und Küh'.
Angenommen, daß dir das Menü
Nichts kann sagen.

Irgendwo: Zwei Barfußmädchen winken.
Wissen selber nicht, warum sie's tun,
Lassen ihre arbeitsharten Hände
Für Momente ruhn.

Wissen nicht, daß deine Hände sinken,
Winken,
Grüßen
In den ganzen langen Zug hinein,
Ahnen nicht, daß du die Scholle sein
Möchtest unter ihren schmutz'gen Füßen.

Angelangt, ergibst du mittelgroß
Dich der Höflichkeit, dem Stande und dem Gelde.
Nachts im Bette träumst du hoffnungslos
Von den beiden Mädchen auf dem Felde.

Hinaus aufs deutsche Land!

Reist aus! Steigt ein ins Eisenbahnkupee!
Packt eure Notdurft ins Gepäcknetz! – Zankt
Euch um die Plätze! – Winkt noch mal! – Und dankt
Gott! – Aber: *Ne tirer la poignée!*

Des Frühlings weltbekannte Poesie
Macht alle Wirte der Provinz so froh.
Solo in caso di
Pericolo.

Spuckt euer Städteweh
Durchs off'ne Fenster hinaus.
Wer kann dafür,
Wenn's trifft?! – *Défense de cracher*
Dans la voiture.

Drei Tage Tirol

Ich bin nach Tirol gereist
Und hab das Zuhause vergessen.
Ich habe viel Freiheit gefressen
Und viel Gesellschaft gespeist.
Landschaften hab ich gesoffen
Und Illusionen geraucht.

Die Menschen, die ich getroffen,
Standen meist so zu den Sternen,
Daß man, um sie kennenzulernen,
Nicht erst zu verreisen braucht.

Das nennt man Drahtseilbahn: Es hing
Ein Zündholzschächtelchen an Zwirn.

Und ein Gewitter kam. – Das ging
Mir superior durch Herz und Hirn.

Wie tut ein wildes Wandern wohl,
Wenn man sein Einsamgehn durchleuchtet!

An allen Stellen angefeuchtet
Kam ich nach Hause aus Tirol.

Königsberg in Preussen
(Februar 1929)

In Königsberg zum zweitenmal.
Ich wohnte im Hotel Central,
Dort war gut hausen.
Doch draußen:
An Kälte zweiunddreißig Grad.
Ich ächzte und ich stöhnte.
Ja, Königsberg war stets ein Bad
Für südwarm weich Verwöhnte.
Und weil ein Streik der Autos war,
Verfluchte ich den Februar,
Was den durchaus nicht rührte.
Doch was ich so an Menschen sah,
Das war mir hell und war mir nah,
So, daß ich Freundschaft spürte.
Die Mädchen, die mir's angetan,
Die wirkten so wie Walzen
Und schmeckten doch wie Marzipan
Nur kräftig und gesalzen.
Und sollte es hier einen Sarg,
So krumm, wie ich bin, geben,
So möcht ich gern in Königsbarg
Begraben sein und leben.

Reisegeldgedicht

Es gibt der Worte nicht genug,
Um Heim und Heimat laut zu preisen.
Um zehn Uhr vierzig geht mein Zug.
Adieu! Adieu! Ich muß verreisen.

Mein Reisekoffer, frisch entstaubt,
Folgt seiner Sehnsucht in die Weite
Und hat mir freundschaftlich erlaubt,
Daß ich ihn unterwegs begleite.

Und Sehnsucht, Kohle und Benzin
Soll uns recht fern durch Fremdes treiben,
Damit wir denen, die wir fliehn,
Recht frohe Ansichtskarten schreiben.

Auf Wiedersehn! Ich reise fort.
Mein Reisegeld sucht andres, andre.
Bis ich erkenne: Hier ist dort
Und neu vergnügt nach Hause wandre.

Klimmzüge

Klimmzug

Das ist ein Symbol für das Leben.
Immer aufwärts, himmelan streben!
Feste zieh! Nicht nachgeben!
Stelle dir vor: Dort oben winken
Schnäpse und Schinken.
Trachte sie zu erreichen, die Schnäpse.
Spanne die Muskeln, die Bizepse.
Achte ver die Beschwerden.
Nicht einschlafen. Nicht müde werden!
Du mußt in Gedanken wähnen:
Du hörtest unter dir einen Schlund gähnen.
In dem Schlund sind Igel und Wölfe versammelt.
Die freuen sich auf den Menschen, der oben bammelt.
Zu! Zu! Tu nicht überlegen.
Immer weiter, herrlichen Zielen entgegen.
Sollte dich ein Floh am Po kneifen,
Nicht mit beiden Händen zugleich danach greifen.
Nicht so ruckweis hin und her schlenkern;
Das paßt nicht für ein Volk von Turnern und Denkern.
Klimme wacker,
Alter Knacker!
Klimme, klimb
Zum Olymp!

Höher hinauf!
Glückauf!
Kragen total durchweicht.
Äh – äh – äh – endlich erreicht.
Das Unbeschreibliche zieht uns hinan,
Der ewigweibliche Turnvater Jahn.

Fussball
(nebst Abart und Ausartung)

Der Fußballwahn ist eine Krank-
Heit, aber selten, Gott sei Dank.
Ich kenne wen, der litt akut
An Fußballwahn und Fußballwut.
Sowie er einen Gegenstand
In Kugelform und ähnlich fand,
So trat er zu und stieß mit Kraft
Ihn in die bunte Nachbarschaft.
Ob es ein Schwalbennest, ein Tiegel,
Ein Käse, Globus oder Igel,
Ein Krug, ein Schmuckwerk am Altar,
Ein Kegelball, ein Kissen war,
Und wem der Gegenstand gehörte,
Das war etwas, was ihn nicht störte.
Bald trieb er eine Schweineblase,
Bald steife Hüte durch die Straße.
Dann wieder mit geübtem Schwung
Stieß er den Fuß in Pferdedung.
Mit Schwamm und Seife trieb er Sport.
Die Lampenkuppel brach sofort.
Das Nachtgeschirr flog zielbewußt
Der Tante Berta an die Brust.
Kein Abwehrmittel wollte nützen,
Nicht Stacheldraht in Stiefelspitzen,
Noch Puffer außen angebracht.
Er siegte immer, 0 zu 8.

Und übte weiter frisch, fromm, frei
Mit Totenkopf und Straußenei.
Erschreckt durch seine wilden Stöße,
Gab man ihm nie Kartoffelklöße.
Selbst vor dem Podex und den Brüsten
Der Frau ergriff ihn ein Gelüsten,
Was er jedoch als Mann von Stand
Aus Höflichkeit meist überwand.
Dagegen gab ein Schwartenmagen
Dem Fleischer Anlaß zum Verklagen.
Was beim Gemüsemarkt geschah,
Kommt einer Schlacht bei Leipzig nah.
Da schwirrten Äpfel, Apfelsinen
Durch Publikum wie wilde Bienen.
Da sah man Blutorangen, Zwetschen
An blassen Wangen sich zerquetschen.
Das Eigelb überzog die Leiber,
Ein Fischkorb platzte zwischen Weiber.
Kartoffeln spritzten und Zitronen.
Man duckte sich vor den Melonen.
Dem Krautkopf folgten Kürbisschüsse.
Dann donnerten die Kokosnüsse.
Genug! Als alles dies getan,
Griff unser Held zum Größenwahn.
Schon schäkernd mit der U-Bootsmine
Besann er sich auf die Lawine.

Doch als pompöser Fußballstößer
Fand er die Erde noch viel größer.
Er rang mit mancherlei Problemen.
Zunächst: Wie soll man Anlauf nehmen?
Dann schiffte er von dem Balkon
Sich ein in einem Luftballon.
Und blieb von da an in der Luft,
Verschollen. Hat sich selbst verpufft. –
Ich warne euch, ihr Brüder Jahns,
Vor dem Gebrauch des Fußballwahns!

Der Athlet

Mein Name ist Murxis, der Kraftmensch genannt.
Meine Nahrung ist Goulasch vom Elefant
In einer Sauce des Stärkemehles.
Meine Heimat ist das Zentrum Südwales,
        Upsala!

Ich wurde durch einen Kaiserschnitt
Geboren, mit Hilfe von Dynamit.
Daß ich noch lebte, war reines Glück.
Von meiner Mutter blieb wenig zurück.
        20 kg mit dem kleinen Finger.

Man baute um mich eine Art von Dock.
Mit Strebestützen im 16. Stock
Eines Wolkenkratzers von Rockefeller.
Das Stockwerk brach, man fand mich im Keller
        Mit verschränkten Armen.

Ich war in allen Städten der Welt
Als Muster von Herkules ausgestellt.
Wer das bezweifelt – 5 Groschen –, der fordre
An der Kasse die Wachskabinettsordre.
Ich nenne mich selbst den Venus von Milo.
        Bruttogewicht: 200 Kilo!

Es haben mich Königinnen betastet.
Ich habe einmal drei Wochen gefastet
Und unternehme auch heute noch Schritte
Zu meiner Entlastung. Und deshalb bitte
        Ich die Herrschaften um ein kleines Douceur.

Am Hängetau

Das Hängetau ist lang und steil.
Jedoch die Übung an dem Seil
Ist heilsam und veredelt.
Dieweil du kletterst, wächst das Tau
Dir hintenraus und wedelt
A la Wauwau.

Marie, die unten nach dir blickt,
Kommt mit der Quaste in Konflikt.

Ich wette um ein Faß Gelee:
Drei Meter über der Erden
Erfaßt dich plötzlich die Idee,
Du möchtest Seemann werden.

Der Kletterschluß mißlingt dir freilich.
Er klingt auch häßlich papageilich.
Schon dieserhalb und um so mehr
Schwankst du verzweifelt hin und her,
Als atemloser Pendel.
Und jäh umgibt dich in der Luft
Ein unartikulierter Duft
Sehr abseits von Lawendel.

Und dann erreichst du ganz verzagt
Den Balken unter Pusten,
Und weil Marie von unten fragt,
Und weil die Stimme dir versagt,
So fängst du an zu husten.

Die Dame frägt, ob schwindelfrei
Und schüttelt die Manilla.
Du mimst voll Angst und Heuchelei
Den schwärmenden Gorilla.
Doch weil allmählich Zeit vergeht
Und nirgends eine Leiter steht,
Entschließt du dich voll Grausen
Und präsentierst dein Hinterteil
Und angelst lange nach dem Seil
Und läßt dich plötzlich sausen.

Du plumpst der Dame auf die Brust
Und tust, als tätst du das bewußt,
Und blähst dich wie ein Segel.
Und nickst ein heiteres Allheil!
Und lachst und fühlst dich doch derweil
Teils Burschenschaft, teils Flegel.

Kein Mädchen, nicht einmal die Braut,
Sieht gerne Hände ohne Haut.

Kniebeuge

Kniee – beugt!
Wir Menschen sind Narren.
Sterbliche Eltern haben uns einst gezeugt.
Sterbliche Wesen werden uns später verscharren.
Schäbige Götter, wer seid ihr? und wo?
Warum lasset ihr uns nicht länger so
Menschlich verharren?
Was ist denn Leben?
Ein ewiges Zusichnehmen und Vonsichgeben. –
Schmach euch, ihr Götter, daß ihr so schlecht uns versorgt,
Daß ihr uns Geist und Würde und schöne Gestalt nur
borgt.
Eure Schöpfung ist Plunder,
Das Werk sodomitischer Nachtung.
Ich blicke mit tiefster Verachtung
Auf euch hinunter.
Und redet mir nicht länger von Gnade und Milde!
Hier sitze ich; forme Menschen nach meinem Bilde.
Wehe euch, Göttern, wenn ihr uns drüben erweckt!
Beine streckt!

Ruf zum Sport

Auf, ihr steifen und verdorrten
Leute aus Büros,
Reißt euch mal zum Wintersporten
Von den Öfen los.

Bleiches Volk an Wirtshaustischen,
Stellt die Gläser fort.
Widme dich dem freien, frischen,
Frohen Wintersport.

Denn er führt ins lodenfreie
Gletscherfexlertum
Und bedeckt uns nach der Reihe
All mit Schnee und Ruhm.

Doch nicht nur der Sport im Winter,
Jeder Sport ist plus,
Und mit etwas Geist dahinter
Wird er zum Genuß.

Sport macht Schwache selbstbewußter,
Dicke dünn, und macht
Dünne hinterher robuster,
Gleichsam über Nacht.

Sport stärkt Arme, Rumpf und Beine,
Kürzt die öde Zeit,
Und er schützt uns durch Vereine
Vor der Einsamkeit,

Nimmt den Lungen die verbrauchte
Luft, gibt Appetit;
Was uns wieder ins verrauchte
Treue Wirtshaus zieht.

Wo man dann die sporttrainierten
Muskeln trotzig hebt
Und fortan in Illustrierten
Blättern weiterlebt.

Das Fehlende, das jeder hat

Lampe und Spiegel

»Sie faule, verbummelte Schlampe«,
Sagte der Spiegel zur Lampe.
»Sie altes, schmieriges Scherbenstück«,
Gab die Lampe dem Spiegel zurück.
Der Spiegel in seiner Erbitterung
Bekam einen ganz gewaltigen Sprung.
Der zornigen Lampe verging die Puste.
Sie fauchte, rauchte, schwelte und ruste.
Das Stubenmädchen liess beide in Ruhe,
Und doch: Ihr schob man die Schuld in die Schuhe.

Ein bettelarmer, braver Mann

Ein bettelarmer, braver Mann,
Der Tag und Nacht nur Gutes sann
Und gar nichts mehr zu essen hatte
Als eine halbverweste Ratte,
Der auch kein Bett besass zum Schlafen,
Der ging in seiner höchsten Not
Zu einem reichen, stolzen Grafen
Und bat ihn um ein Stückchen Brot.
Der Graf nahm das gewaltig übel
Und schlug mit dem Champagnerkübel
Den braven Bettler lächelnd tot.
Doch niemand wagte es, den Grafen
Für solche Freveltat zu strafen.
Und deshalb wurde sein Betragen
Dann mit den Jahren noch viel schlimmer. –

So manchen Leser hör' ich sagen:
Ja, ja! – ja, ja! – So ist das immer!

Ich aber denke still für mich:
Der Leser ist ein Gänserich.

Balladette

Das war die sonst noch ziemlich fesche
Marie, die ihrem Prinzipal
In der Fabrik für Sterbewäsche
Drei schwarze Unterhosen stahl.

Und sandte, als es ruchbar wurde,
Dann das Gestohlene zurück.
Und diese mindestens absurde
Idee gereichte ihr zum Glück.

Der Prinzipal für Sterbewäsche,
Der nicht Karrieren gern verdarb,
Gab ihr so viel verdiente Dresche,
Daß sie ein Kind gebar und starb.

Übralldass a. d. Elbe

Übralldaß hat ein Publikum,
Das blickt so dumm, so gottlos dumm,
Daß man es prügeln müßte,
Wenn man nicht sicher wüßte,
Daß es ja selbst nicht weiß, warum.

Sein Horizont befindet
Sich in dem Mittelpunkt der Stadt.
Die Leute dort verbindet
Das Fehlende, das jeder hat.

Sie sehnen nie, sie beten nie.
Sie wissen, daß sie besser sind.
Die Luft ist dort gefroren.
Und keiner – scheints – macht dort Pipi.
Sie rümpfen, wenn man sagt: Ein Kind
Würde gezeugt, geboren.

Sie schlafen, wenn sie wachen,
Leben vielleicht auch umgekehrt.
Sie kauen, wenn sie lachen.
Und dort wird gottlos viel verzehrt.
Sie sind nur Gaumen und Popo.
Zwar ist nicht jedermann dort so,

Ein paar sind ausgenommen;
Zwei sind sogar verehrungswert.

Soll einer von dort kommen,
Der über mich sich nun beschwert.

Abgesehen von der Profitlüge

Die kurzen Beine der Lüge sind
Auch nur etwas Relatives.
Ein Segler kreuzend gegen Wind
Ist immer etwas Schiefes.

Ob sie aus Anstand, aus Mitleid gibt,
Sich hinter der Kunst will schützen,
Wenn sie nicht innerst sich selber liebt,
Wird Lüge niemandem nützen.

Es gibt eine Lüge politisch und kühn,
Und die ist auch noch zu rügen.
Ich meine: Wir sollten uns alle bemühn,
Möglichst wenig zu lügen.

Das Hexenkind

Das junge Ding hieß Ilse Watt.
Sie ward im Waisenhaus erzogen.
Dort galt sie für verstockt, verlogen,
Weil sie kein Wort gesprochen hat
Und weil man ihr es sehr verdachte,
Daß sie schon früh, wenn sie erwachte,
Ganz leise vor sich hinlachte.

Man nannte sie, weil ihr Betragen
So seltsam war, das Hexenkind.
Allüberall ward sie gescholten.
Doch wagte niemand, sie zu schlagen.
Denn sie war von Geburt her blind.

Die Ilse hat für frech gegolten,
Weil sie, wenn man zu Bett sie brachte,
Noch leise vor sich hinlachte.

In ihrem Bettchen blaß und matt
Lag sterbend eines Tags die kranke
Und stille, blinde Ilse Watt,
Lächelte wie aus andern Welten
Und sprach zu einer Angestellten,
Die ihr das Haar gestreichelt hat,
Ganz laut und glücklich noch: »Ich danke.«

Kinder ihr müsst euch mehr zutrauen

Kinder, ihr müßt euch mehr zutrauen!
Ihr laßt euch von Erwachsenen belügen
Und schlagen. – Denkt mal: fünf Kinder genügen,
Um eine Großmama zu verhauen.

Schindluder

Es war ein Pferd, das war ergraut
Und wurde deshalb abgebaut.
Man nahm zuerst ihm seine Haut.
O nein, da liegt ein Irrtum vor,
Weil es zuvor den Schwanz verlor.

Es schleppte Lasten, schwitzte Blut.
Das Roßfleisch schmeckt dem Hunger gut.

Die Peitsche hieb auf mürbe Knochen.

Dann ist das Pferd zusammenbrochen.

Aus dem Kadaver aber floh
Ein Pegasus, der furzte froh.

Wie mag er aussehn?

Wer hat zum Steuerbogenformular
Den Text erfunden?
Ob der in jenen Stunden,
Da er dies Wunderwirr gebar,
Wohl ganz – – – oder total – – war?

Du liest den Text. Du sinnst. Du spinnst.
Du grinst – »Welch Rinds« – Und du beginnst
Wieder und wieder. – Eisigkalt
Kommt die Vision dir »Heilanstalt«.
Für ihn? Für dich? – Dein Witz erblaßt.
Der Mann, der jenen Text verfaßt,
Was mag er dünkeln oder wähnen?
Ahnt er denn nichts von Zeitverlust und Tränen?

Wir kommen nicht auf seine Spur.
Und er muß wohl so sein und bleiben.
Auf seinen Grabstein sollte man nur
Den Text vom Steuerbogen schreiben.

Zupf dir ein Wölkchen

Und wenn sich der Letzte dir entfernt

Und wenn sich der Letzte dir entfernt,
Von denen, die einst dir lieb,
Wenn du sie alle verachten gelernt,
Kein tröstender Zweifel dir blieb.

Laß flattern in alle Winde das Band,
Das dich bestach, als es neu.
Dann lege du wie ein heilig Pfand
Die rechte in die linke Hand
Und schwöre dir selber die Treu.

Jung sterben

Jung sterben – in besten, noch hoffenden Jahren –
Wie schön muß das sein!
Du hättest nur Gutes, nur Frohes erfahren.
Blieb Alles dein.

Und es blieb an der Stätte, wo du begraben,
Nur Liebe zurück.
So garnichts Trübes gekostet zu haben – – –
Wär's nicht ein Glück?

Überall

Überall ist Wunderland.
Überall ist Leben.
Bei meiner Tante im Strumpfenband
Wie irgendwo daneben.

Überall ist Dunkelheit.
Kinder werden Väter.
Fünf Minuten später
Stirbt sich was für einige Zeit.
Überall ist Ewigkeit.

Wenn du einen Schneck behauchst,
Schrumpft er ins Gehäuse.
Wenn du ihn in Kognak tauchst,
Sieht er weiße Mäuse.

Die Brüder

Der Weekend traf den Weekbeginn:
»Guten Morgen!«
»Guten Abend!«
Sie mochten sich anfangs nicht leiden,
Und immer hatte von beiden
Der eine ein unrasiertes Kinn.

Trotz dieser trennenden Kleinigkeit
Lernten sie doch dann sich leiden
Und gingen klug und bescheiden
Abwechselnd durch die Zeit,

Und gaben einander Kraft und Mut.
Und schließlich waren die beiden
Nicht mehr zu unterscheiden.
Und so ist das gut.

Antwort an einen Kollegen

Ob du Artist, ob du Franz Liszt,
Ein Christ, ein Mist, ein sonst was bist, –
Bezweifle es. Und dir zum Heil
Bezweifle auch das Gegenteil.

Was dir die Ideale nimmt,
Der Satz: daß nichts, was zutrifft, trifft,
(Ein Satz, der darum selbst nicht stimmt)
Ist nur für Überlegene Gift.

Doch hüte dich, an diesen Satz
Zu glauben, gar ihn zu betonen.
Freu dich an Hatz und Schmatz und Spatz,
An Unzucht oder Kaffeebohnen.

Doch sollte etwas in dir wohnen,
Bewirkend, daß du mich verstehst
Und lachst und dankbar weitergehst
Und dennoch etwas Bessres weißt,
Dann glaub ich, daß du richtig reist.

Blues

Wenn du nicht froh kannst denken,
Obwohl nichts Hartes dich bedrückt,
Sollst du ein Blümchen verschenken
Aufs Geratewohl von dir gepflückt.

Irgendein staubiger, gelber, –
Sei's Hahnenfuß – vom Wegesrand.
Und schenke das Blümchen dir selber
Aus linker Hand an die rechte Hand.

Und mache dir eine Verbeugung
Im Spiegel und sage: »Du,
Ich bin der Überzeugung,
Dir setzt man einzig schrecklich zu.
Wie wär's, wenn du jetzt mal sachlich
Fleißig einfach arbeiten tätst?
Später prahle nicht und jetzt lach nicht,
Daß du nicht in Übermut gerätst.«

Stille Winterstrasse

Es heben sich vernebelt braun
Die Berge aus dem klaren Weiß,
Und aus dem Weiß ragt braun ein Zaun,
Steht eine Stange wie ein Steiß.

Ein Rabe fliegt, so schwarz und scharf,
Wie ihn kein Maler malen darf,
Wenn er's nicht etwa kann.
Ich stapfe einsam durch den Schnee.
Vielleicht steht links im Busch ein Reh
Und denkt: Dort geht ein Mann.

Morgenwonne

Ich bin so knallvergnügt erwacht.
Ich klatsche meine Hüften.
Das Wasser lockt. Die Seife lacht.
Es dürstet mich nach Lüften.

Ein schmuckes Laken macht einen Knicks
Und gratuliert mir zum Baden.
Zwei schwarze Schuhe in blankem Wichs
Betiteln mich »Euer Gnaden«.

Aus meiner tiefsten Seele zieht
Mit Nasenflügelbeben
Ein ungeheurer Appetit
Nach Frühstück und nach Leben.

Sommerfrische

Zupf dir ein Wölkchen aus dem Wolkenweiß,
Das durch den sonnigen Himmel schreitet.
Und schmücke den Hut, der dich begleitet,
Mit einem grünen Reis.

Verstecke dich faul in die Fülle der Gräser.
Weil's wohltut, weil's frommt.
Und bist du ein Mundharmonikabläser
Und hast eine bei dir, dann spiel, was dir kommt.

Und laß deine Melodien lenken
Von dem freigegebenen Wolkengezupf.
Vergiß dich. Es soll dein Denken
Nicht weiter reichen als ein Grashüpferhupf.

Schwebende Zukunft

Habt ihr einen Kummer in der Brust
Anfang August,
Seht euch einmal bewußt
An, was wir als Kinder übersahn.

Da schickt der Löwenzahn
Seinen Samen fort in die Luft.
Der ist so leicht wie Duft
Und sinnreich rund umgeben
Von Faserstrahlen, zart wie Spinneweben.

Und er reist hoch über euer Dach,
Von Winden, schon vom Hauch gepustet.
Wenn einer von euch hustet,
Wirkt das auf ihn wie Krach,
Und er entweicht.

Luftglücklich leicht.
Wird sich sanft wo in Erde betten.
Und im Nächstjahr stehn
Dort die fetten, goldigen Rosetten,
Kuhblumen, die wir als Kind übersehn.

Zartheit und Freimut lenken
Wieder später deren Samen Fahrt.

Flöge doch unser aller Zukunftsdenken
So frei aus und so zart.

Und auf einmal steht es neben dir

Und auf einmal merkst du äußerlich:
Wieviel Kummer zu dir kam,
Wieviel Freundschaft leise von dir wich,
Alles Lachen von dir nahm.

Fragst verwundert in die Tage.
Doch die Tage hallen leer.
Dann verkümmert deine Klage …
Du fragst niemanden mehr.

Lernst es endlich, dich zu fügen,
Von den Sorgen gezähmt.
Willst dich selber nicht belügen
Und erstickst es, was dich grämt.

Sinnlos, arm erscheint das Leben dir,
Längst zu lang ausgedehnt. – –
Und auf einmal – –: Steht es neben dir,
An dich angelehnt – –
Was?
Das, was du so lang ersehnt.

Der Glückwunsch

Ein Glückwunsch ging ins neue Jahr,
Ins Heute aus dem Gestern.
Man hörte ihn sylvestern.
Er war sich aber selbst nicht klar,
Wie eigentlich sein Hergang war
Und ob ihn die Vergangenheit
Bewegte oder neue Zeit.
Doch brachte er sich dar, und zwar
Undeutlich und verlegen.

Weil man ihn nicht so ganz verstand,
So drückte man sich froh die Hand
Und nahm ihn gern entgegen.

Psst!

Träume deine Träume in Ruh.

Wenn du niemandem mehr traust,
Schließe die Türen zu,
Auch deine Fenster,
Damit du nichts mehr schaust.

Sei still in deiner Stille,
Wie wenn dich niemand sieht.
Auch was dann geschieht,
Ist nicht dein Wille.

Und im dunkelsten Schatten
Lies das Buch ohne Wort.

Was wir haben, was wir hatten,
Was wir – –
Eines Morgens ist alles fort.

Ich werde nicht enden zu sagen

Ich werde nicht enden zu sagen:
Meine Gedichte sind schlecht.
Ich werde Gedanken tragen
Als Knecht.
Ich werde sie niemals meistern
Und doch nicht ruhn.
Soll mich der Wunsch begeistern:
Es besser zu tun.

Matrose und Buchhalter, Zeitungsverkäufer und Schlangenbeschwörer, Fremdenführer und Wahrsager: mehr als dreißig Berufe hat Joachim Ringelnatz im Laufe seines Lebens ausgeübt. Sein Ziel allerdings war es, Dichter zu werden. Sein Weg dahin war alles andere als einfach.

Am 7. August 1883 wird er in Wurzen/Sachsen als Hans Bötticher geboren. Das Leipziger Gymnasium muß er nach der Quinta verlassen, nicht nur wegen mangelhafter Leistung, sondern auch wegen fortgesetzt schlechten Betragens. Man steckt ihn in eine Realschule, deren Examen er gerade so besteht. Er ist achtzehn und will Seemann werden. Zwei Jahre lang befährt er unter oft erbärmlichen Bedingungen die Weltmeere, bevor er abgemagert und abgebrannt in Hamburg landet. Resigniert willigt er ein, eine kaufmännische Lehre zu absolvieren; er wird Handelsgehilfe für Dachpappe, kündigt dann aber von heute auf morgen und reist als fahrender Musikant nach Holland, England und Belgien. Als er 1908 nach München fährt, um eine Stellung als Buchhalter anzutreten, hat er die abenteuerlichste Zeit seines Lebens hinter sich. Als Dichter ist er bisher nur wenig in Erscheinung getreten. Er schreibt nebenbei humoristische Gedichte, von denen er einige veröffentlichen kann, zumeist mit Hilfe seines Vaters, der seit 1901 ›Auerbachs Deutschen Kinderkalender‹ herausgibt.

In München aber tritt eine Wende ein, denn er entdeckt die »Künstlerkneipe Simplizissimus« und ergreift seine Chance: Er verfaßt ein mit Pointen gespicktes Gedicht über die Gepflogenheiten des Hauses und seiner Chefin Kathi Kobus und erntet dafür stürmischen Applaus. Ringelnatz wird Hausdichter. Allabendlich trägt er nun seine Gedichte vor und lernt nach und nach die anwesenden Künstler kennen: Frank Wedekind, Erich Mühsam, Roda Roda, Ludwig Thoma und viele andere, mit denen er zum Teil dauerhafte Freundschaften schließt. Er bewegt sich im engsten Kreis der berühmt-berüchtigten Münchener Boheme. Die Bestätigung, die er hier als Dichter erfährt, ermutigt ihn, den eingeschlagenen Weg fortzusetzen. Obwohl er seinen Lebensunterhalt verdienen muß – unter anderem als Tabakhändler und Bibliothekar – und obwohl er alle Anstrengungen unternimmt, seine verpatzte Bildung nachzuholen, findet er die Zeit und die Energie, zu schreiben. Bis 1914 entstehen Novellen, Autobiographisches, Kinderbücher und zwei Gedichtbände. Zudem malt er in Öl und Aquarell.

Neben einzelnen Arbeiten, die er in der damals bedeutendsten Satire-Zeitschrift, dem »Simplizissimus« von nun an immer wieder veröffentlichen kann, erscheint 1910 der Band ›Gedichte‹, eine Sammlung sentimentaler, schwärmerischer Jugendgedichte, in denen der spätere Ringelnatz noch kaum zu erkennen ist. Dann aber, zwei Jahre später, veröffentlicht er mit der ›Schnupftabaksdose‹ Gedichte eben jener komischen Art, mit der sein Name bis heute vorwiegend in Verbindung gebracht wird. Im Untertitel bezeichnet er sie als ›Stumpfsinn in Versen‹, was darauf hindeutet, daß er sie in der Tradition einer Dichtung sieht, die er sehr gut von seinem Vater her kennt: die Tradition der »Unsinndichtung«.

Sie ist bereits seit Mitte des 19. Jahrhunderts vor allem in Studenten- und Gelehrtenkreisen beliebtes Genre, das durch Parodien, Wortspiele, Vermenschlichung von Tieren und Dingen etc. mit dem bürgerlichen Bildungsgut seinen Spott treibt. Literaturfähig ist sie durch Christian Morgensterns ›Galgenlieder‹ geworden, mit denen die ›Schnupftabaksdose‹ von nun an immer wieder verglichen wird.

1914 zieht Ringelnatz in den Krieg. Er meldet sich freiwillig zur Marine, und trotz Kritik an Militär und Führung schafft er es, sich zum »Leutnant zur See« hochzuarbeiten. Von dieser Karriere, wie von seiner anfänglichen Begeisterung, wird er sich später wie so viele andere distanzieren. 1919 kehrt er mittel- und stellungslos nach München zurück, um aus Mangel an Alternativen wieder im »Simpl« aufzutreten. Schon seit einiger Zeit träumt der ehemalige Abenteurer und Bohemien von der Ehe und von einem Häuschen mit Garten. 1920 erfüllt sich sein Wunsch zumindest zum Teil: Er heiratet die um fünfzehn Jahre jüngere Lona Pieper, eine Sprachschülerin, die als »Muschelkalk« in etlichen Gedichten erscheint. Er bezieht mit ihr eine Wohnung in München und ist wie immer auf der Suche nach einer festen Einnahmequelle.

Eine entscheidende Veränderung seiner Situation zeichnet sich ab, als er – kurz nach seiner Hochzeit – für das neugegründete Berliner Kabarett »Schall und Rauch« engagiert wird. In diesem vielleicht wichtigsten literarisch-journalistischen Satirekabarett der Nachkriegszeit wirken vor und hinter dem Vorhang so berühmte Leute wie Kurt Tucholsky, Walter Mehring, John Heartfield, George Grosz, Klabund

und Friedrich Hollaender. Ein Sprungbrett für Ringelnatz, und weitere Engagements folgen. Er tingelt also, derweil Muschelkalk in München ihm als Sekretärin und Wäschefrau den Rücken frei hält. Es ist eine fruchtbare Zeit für ihn, denn zum ersten Mal kann er von seiner künstlerischen Arbeit einigermaßen leben, und das bedeutet auch, daß er endlich Zeit hat, zu schreiben. Neben verschiedenen Bühnenwerken und Prosa entstehen zwölf Gedichtbände, die er in nahezu jährlichem Abstand herausbringt.

1920 erscheinen ›Joachim Ringelnatzens Turngedichte‹ (1923 in erweiterter Ausgabe). Sie stehen im Zusammenhang mit dem jüngst wieder auflebenden Turnvater-Jahn Geist, der Verbindung körperlicher Ertüchtigung mit patriotischem Gedankengut. Ringelnatz macht sich mit bissigem Humor über das Kraftprotzgehabe teutonischer Athleten lustig und wird damit erstmals über lokale Grenzen hinaus bekannt.

Berühmter allerdings wird er durch die ebenfalls 1920 erschienenen Matrosengedichte ›Kuttel Daddeldu oder das schlüpfrige Leid‹ (1923 in erweiterter Ausgabe). Mit ihnen erschafft er eine Figur, mit der ihn sein Publikum von nun an identifizieren wird, und dies nicht zu Unrecht. Denn Kuttel Daddeldu ist so etwas wie das Alter ego des ehemaligen Matrosen. Er ist der Seemann, der Hans Bötticher gerne geworden wäre, um sich bei Mitschülern und Eltern für all die Hänseleien zu rächen, die er, seines Aussehens wegen, erdulden mußte. Kuttel Daddeldu ist der Prototyp eines Vollblutmatrosen – aber er ist die komische Ausgabe davon. Daß nun Ringelnatz nicht nur den Humor hat, sich über sein eigenes Scheitern lustig zu machen, sondern auch noch den Mut, damit auf die Bühne zu gehen, zeigt, daß spätestens zu diesem Zeitpunkt der Dichter über den Abenteurer die Oberhand gewonnen hat. Äußeres Zeichen dafür: Seit 1919 veröffentlicht er unter dem Pseudonym »Ringelnatz«.

Kuttel Daddeldu offenbart jedoch auch ein Problem, mit dem der Dichter bis an sein Lebensende nicht fertig wird: Alkohol. Ringelnatz ist starker Trinker, und ähnlich wie seine literarische Figur scheint er einiges zu vertragen. Zum Frühstück trinkt er Bier, auf der Bühne Rotwein oder Schnaps und zu jeder Tages- und Nachtzeit am liebsten Sekt. Er trinkt, um zu dichten, er trinkt, bevor er die Bühne betritt, er trinkt während seiner Auftritte. Beispiele der nach Paul Scheerbart so genannten »Katerpoesie« finden sich bei Ringelnatz überall.

Trotzdem behält er einen ziemlich genauen Blick auf die Realität. Mit ›Kuttel Daddeldu‹ bricht die Not der Nachkriegszeit in seine Dichtung ein. Er erfährt sie am eigenen Leib, sieht aber auch die Not der anderen, die allgemeine Not. Er findet typische Figuren wie etwa den »Durchfallkranken Stellungslosen« oder »Die Lumpensammlerin«, die ebenso bei seinen Vorbildern Frank Wedekind und Arno Holz auftreten könnten, oder auch bei Bertolt Brecht, der in jener Zeit im Kabarettprogramm von Karl Valentin mitwirkt oder in der »Wilden Bühne« die ›Legende vom toten Soldaten‹ rezitiert.

Es ist somit nur bedingt richtig, Ringelnatz als unpolitischen Dichter zu bezeichnen. Zwar nimmt er nie ernsthaft an politischen Bewegungen teil, er läßt jedoch nie einen

Zweifel daran aufkommen, daß er auf der Seite des ›kleinen Mannes‹ steht. Solidarität ist bei ihm keine Frage von politischem Bewußtsein. Es ist eine Frage der Sympathie, ja mehr noch, der Empathie. Sie zeigt sich in vielen Themen, die in all seinen Büchern immer wieder auftauchen: seine Vorliebe für Tiere, für alles, was hilfe- und schutzbedürftig ist, seine Aufmerksamkeit auf die kleinen und unscheinbaren Dinge des Lebens (»Ar Kräutchen«). Und so ist es auch keine Anleihe an beliebte Themen des Expressionismus, wenn er Dirnen, Bettler, Säufer oder »zickzackbeinige Negerkinder« (»Eines Negers Klage«) bedichtet. Er ist ein Original mit einem ganz eigenen, manchmal schrägen Blick auf die Welt, deren Widersprüche er mit einer ganz eigenen, nicht weniger schrägen Art aufzeigt.

Sein Publikum weiß das zu schätzen. Seine Popularität wächst, auch als Bühnenkünstler. Also ist er unterwegs, und zwar ständig. Die erste literarische Ernte, die daraus hervorgeht, sind die ›Reisebriefe eines Artisten‹ (1927). Sie haben oft den Charakter von Kartengrüßen an seine Frau oder an Freunde. Er schreibt von sich und seinem Befinden, von Kneipen, die er besucht, von Räuschen, die er hat, und er bedichtet freimütig seine zahlreichen Affären und Liebschaften. Man hat den Eindruck, daß er das Reisen genießt, aber er ist nicht nur gerne unterwegs. Vor allem das Abschiednehmen fällt ihm schwer. Dann ist ihm so »… dienstmädchen-donnerstagsweh« (aus »Abschied von Renée«). Und immer wieder taucht nun auch ein verhalten melancholischer Zug auf, der sich in den folgenden Bänden noch verstärkt. Aber Melancholie hat bei Ringelnatz eine andere

Farbe. Auch er schreibt über Vergänglichkeit und Tod, aber er zementiert damit nicht seinen Weltschmerz. Ausgestattet mit einem Blick für jeden noch so kleinen Silberstreif am Horizont findet er immer eine Kurve, um zu beweisen, daß das Glas halb voll ist. Er ist der Dichter der Dankbarkeit, der es versteht, das Leben als ein Geschenk zu sehen.

Mit den ›Reisebriefen‹ und danach mit ›Allerdings‹ beginnt der Wandel des Humoristen zu einem nachdenklichen Dichter, der die Welt mit Humor betrachtet und dabei tiefe Einsichten gewinnt. Sein Witz wird hintergründiger und leiser, seine Reime dienen nur noch selten ausschließlich dem komischen Effekt; oft erteilt er Ratschläge und Ermahnungen, die er häufig genug an sich selbst wendet. Aber immer wieder reitet ihn auch der Schalk, und er findet zurück zum alten Unsinn und zur Parodie.

Mitte der zwanziger Jahre entdeckt er noch einmal eine neue Leidenschaft: das Fliegen. Wann immer sein Budget es ihm erlaubt, reist er nun per Flugzeug. Dichterisches Ergebnis davon sind die ›Flugzeuggedanken‹, die wie die vorhergehenden und die nachfolgenden Bände das ganze Spektrum des mittlerweile über die Grenzen des Landes hinaus bekannten Künstlers zeigen. Die Gedichte der ›Flugzeuggedanken‹ stammen aus den Jahren 1928/29, den letzten Jahren, in denen es Ringelnatz noch einigermaßen gutgeht – finanziell, wie gesundheitlich. Denn ab 1929 verschlechtern sich seine Bedingungen erheblich. Die Weltwirtschaftskrise zwingt viele Kabaretts zur Schließung. In München, wo er mit seiner Frau noch immer wohnt, fühlt er sich zunehmend unwohl. Die Nationalsozialisten vergiften bereits seit Mitte der zwanziger Jahre das Klima der Stadt. 1930 zieht das Ehepaar Ringelnatz von München nach Berlin. Die Engagements sind auch hier knapper, aber noch kann er seinen Lebensunterhalt bestreiten.

Die Gedichte aus dieser Zeit (»Gedichte dreier Jahre«, 1932, »103 Gedichte«, 1933, »Gedichte von Einstmals und Heute«, 1933) zeigen ihn unverändert in seiner Lust am Leben. Es gelingt ihm nicht mehr alles, und manchmal sind es nur einzelne Zeilen, die ein Gedicht wertvoll machen. Andere wiederum gehören zu den schönsten seines gesamten Œuvres. Und es mischt sich immer wieder diese Melancholie in seine Verse, dieses »Vorbei ...«, von dem Tucholsky schon in einer Besprechung der ›Flugzeuggedanken‹ geschwärmt hatte.

Es ist nicht unwahrscheinlich, daß für Ringelnatz dieses »Vorbei ...« in dieser Zeit bedrohliche Formen annimmt, denn es häufen sich Schwächeanfälle und Fieberattacken, Spätfolgen des strapaziösen Lebens, das er über Jahre geführt hat. Daß die Nazis ihm 1933 Auftrittsverbot erteilen und seine Bücher beschlagnahmen, verschlechtert zudem seine finanzielle Situation enorm. Eine verschleppte Tuberkulose-Erkrankung verbannt ihn 1934 für vier Monate in ein Krankenhaus. Er wird von Freunden unterstützt, die eine Sammlung für ihn durchführen. Er arbeitet nur noch wenig, kehrt nach Berlin zurück und stirbt am 17. November 1934.

Günter Stolzenberger

Alphabetisches Verzeichnis der Gedichtüberschriften und -anfänge

Qellenverzeichnis

Hans Bötticher. Simplizissimus Künstler-Kneipe und Kathi Kobus
Herausgegeben vom Hausdichter Hans Bötticher, Selbstverlag

Hans Bötticher. Gedichte.
Hans Sachs Verlag, München, Leipzig 1910
Schmidt-Bertsch & Haist

Die Schnupftabaksdose - Stumpfsinn in Versen und Bildern.
Hans Bötticher und R.J.M.Seewald. R.Piper und Co. Verlag, München 1912

Kuttel Daddeldu
Kurt Wolff Verlag, München 1923

Geheimes Kinder-Spiel-Buch
Gustav Kiepenheuer Verlag, Potsdam 1924

Reisebriefe eines Artisten
Ernst Rowohlt Verlag, Berlin 1927

Turngedichte
Kurt Wolff Verlag, München 1928

Allerdings
Ernst Rowohlt Verlag, Berlin 1928

Flugzeuggedanken
Ernst Rowohlt Verlag, Berlin 1929

Kinder-Verwirr-Buch
Ernst Rowohlt Verlag, Berlin 1931

Das Illustrierte Blatt. Frankfurter Illustrierte
Nr 26. 2. Juli 1931

Gedichte dreier Jahre
Rowohlt Verlag, Berlin 1932

103 Gedichte
Rowohlt Verlag GmbH, Berlin 1933

Gedichte, Gedichte von Einstmals und Heute
Rowohlt Verlag, Berlin 1934

Der Nachlaß
Ernst Rowohlt Verlag, Berlin 1935

Kasperle-Verse
Verlag Die Wage Karl H. Silomon, Berlin (1939)

Geschenke für Liebhaber der Poesie – im kleinen Format

»Gedichte sind gemalte Fensterscheiben!«
Goethe

Gedichte für einen Frühlingstag
Hg. v. Gudrun Bull
ISBN 3-423-**20691**-8

Gedichte für einen Regentag
Hg. v. Mathias Mayer
ISBN 3-423-**20563**-6

Gedichte für einen Sonnentag
Hg. v. Mathias Mayer
ISBN 3-423-**20705**-1

Dies alles für Dich
Hg. v. F.-H. Hackel
ISBN 3-423-**20522**-9

Der Engel neben Dir
Gedichte zwischen Himmel und Erde
Hg. v. Hans Stempel u. Martin Ripkens
ISBN 3-423-**20578**-4

Der Zauber der Farben
Hg. v. Joachim Schultz
ISBN 3-423-**20622**-5